Le damos la más grata y cordial de las bienvenidas al nuevo libro de los pastores Ricardo y Patty Rodríguez. Esta obra, que presenta una serie de reflexiones en torno a sus experiencias con el Espíritu Santo, nos invita a repensar nuestras teologías y prácticas en la fe, y reclama de los creyentes, líderes y congregaciones, respuestas sobrias, sabias, maduras e inteligentes ante el llamado divino: Dios desea que seamos representantes de Su poder en medio de la sociedad contemporánea.

Este escrito no solo articula las vivencias y los análisis de los pastores Rodríguez, sino que incluye reflexiones bíblicas, teológicas y espirituales, que motivarán y desafiarán nuestra fe y nuestras prácticas cristianas.

Recomiendo la lectura de *Adictos a Su presencia*, pues los testimonios que incluye y las exégesis que postula pueden contribuir positivamente a tener una mejor comprensión de la teología del Espíritu, además de brindarle a la persona que lee y estudia los temas expuestos, nuevas ideas, sugerencias y recomendaciones para disfrutar y compartir la presencia de Dios en su vida y ministerio, en las acciones transformadoras del Espíritu Santo. Recomiendo esta obra, además, no solo a mis colegas en la academia, a pastores y pastoras, y laicos que sirven al Señor, sino a nuevos creyentes, que ciertamente disfrutarán los testimonios y las enseñanzas que se incluyen.

Gracias Ricardo y Patty por escribir este libro, que sabemos será de bendición al Cuerpo de Cristo en el mundo de habla castellana.

—Drs. Samuel y Nohemi Pagán
Decano de programas hispanos
Profesora de espiritualidad
Centro de Estudios Bíblicos de Jerusalén
usalén y Lakeland

ADICTOS A SU
PRESENCIA

PASTORES RICARDO
Y MA. PATRICIA RODRÍGUEZ

CASA
CREACIÓN

Adictos a Su presencia
por Ricardo y María Patricia Rodríguez
Publicado por Casa Creación
Una compañía de Charisma Media
600 Rinehart Road
Lake Mary, Florida 32746
www.casacreacion.com

Visite la página web del autor: www.avivamiento.com

Diseño de portada por: Vincent Pirozzi
Director de diseño: Justin Evans

Library of Congress Control Number: 2017944985
ISBN: 978-1-62999-345-4
E-Book ISBN: 978-1-62999-346-1

Impreso en los Estados Unidos de América
19 20 21 22 23 * 8 7 6 5 4

CONTENIDO

PREFACIO

La presencia de Dios va mucho más allá de lo que algunos piensan o creen conocer, pues en su mayoría, los creyentes se conforman con pequeñas gotas de lo que es un poderoso Río que puede llevarles a dimensiones sobrenaturales nunca antes soñadas. Hoy en día se escriben coros y libros acerca de la presencia de Dios, muchos hablan de ella, pero ¿conocen y respetan la presencia de Dios?, ¿saben lo importante que es?

Cuando el Señor nos habló acerca de traer Su presencia y de no buscar números, nuestra iglesia era de esas en las que todo nos tocaba hacerlo con las uñas, no había recursos y casi cualquier cosa con la que soñáramos era para nosotros un imposible, fueron tiempos muy difíciles. Pero una vez que el Espíritu Santo de Dios visitó a mi esposo y le dijo: "Trae Mi presencia a la Iglesia", dejamos de ser ese campo seco en el que nada daba fruto y todo a nuestro alrededor comenzó a florecer; pasamos de tener estrategias sin resultado para que las personas vinieran a la iglesia, a tener filas enteras de personas que llegan sin ser invitadas, incluso se bajan de los buses y dicen: "Yo oí una voz que me decía: ¡Bájate aquí!". ¡Todo por causa de Él!

¿Qué persona puede decir que no quiere ver bendición en todo lo que hace? ¿A quién le gusta estar de fracaso en fracaso? ¿Qué pastor puede decir que no quiere que su iglesia crezca y prospere? creo que a nadie. Es apenas lógico, pues todos anhelamos ser bendecidos, ser felices y ver nuestros sueños hechos una realidad; como pastores, anhelamos que la iglesia fructifique, florezca y se vea hermosa; por esto, hacemos lo que sea, trabajamos duro, nos esforzamos, pero olvidamos hacer lo más importante: "Traerlo a Él y darle el lugar que le pertenece".

Así que al entenderlo, trajimos la preciosa presencia del Espíritu Santo, comenzamos a amarlo y adorarlo como Él se lo merece y fue entonces cuando todo sin ningún esfuerzo comenzó a brillar y brillar, ¿sabes por qué? Porque el Espíritu Santo no va a habitar en cualquier lugar, sólo verás Su gloria donde hay corazones que le aman y anhelan apasionadamente.

El Espíritu Santo nos prosperó en todas las áreas de nuestra vida, familia y ministerio, pero, además, Él es quien nos ha dado la victoria sobre nuestras guerras y luchas, puedo decirte con total seguridad que nunca nos ha dejado solos, por el contrario, en nuestras batallas siempre ha estado al frente peleando por nosotros y en nuestro diario vivir, a nuestro lado diciéndonos por dónde ir, qué camino tomar, cuando avanzar y cuando parar, en absolutamente todo, Él ha sido nuestro guía.

Quizá has tenido que pasar por algún momento de tribulación o por una batalla difícil y el Señor te ha sacado victorioso, has visto Su mano peleando por ti, pero al enfrentar una nueva situación, piensas que en esta ocasión Él no te librará o simplemente olvidas cómo lo ha hecho en el pasado y por eso vuelves otra vez a buscar los métodos y a hacerlo a tu manera.

¿Sabes? Eso es tanto como creer que la presencia de Dios es como una lámpara de Aladino, a la cual frotas, sale el genio, te da tres victorias y ya, se desaparece. Pero no, déjame decirte que el Dios nuestro ¡Jamás ha perdido una batalla! ¡Nunca! Cuando emprendemos esas batallas en pos de Él y caminamos por la victoria que Dios nos ha decretado, Él siempre va delante de nosotros y cuando llegamos es a recoger despojos, pues Él es ese Dios guerrero y todo poderoso que nos ama y siempre está con nosotros.

En muchas ocasiones, por los afanes de esta vida y el diario vivir, se nos olvida que el Espíritu Santo está ahí para nosotros, por eso, de vez en cuando es bueno hacer pausas en nuestra vida, detenernos por unos minutos y recordar todo lo que Él es, lo que ha hecho y las promesas que nos ha dado; así que por solo un instante, cierra tus ojos, despójate de todo pensamiento y di: "Él está vivo, Él es fiel y Él está aquí conmigo".

Si hay algo que quiero que te lleves contigo luego de leer este libro, es que ¡Dios es real! Debes saber que tienes un Dios gigantesco que es todopoderoso y los cielos de los cielos no pueden contener Su gloria, Él es grande y majestuoso, por eso, nunca olvides que en tus batallas no estás solo, el Espíritu Santo está por ti y si haces las cosas como Él quiere, a Su manera, entonces lo podrás ver peleando a tu favor. Dios lo hizo muchas veces en la antigüedad, si miras a través de la historia de la iglesia, verás al Señor librando a Sus hijos, durante siglos se han levantado muchísimas intenciones satánicas por exterminar la iglesia, pero entre más nos persiguen, menosprecian y vituperan, más crecemos, ¿Sabes por qué? Porque Dios está con nosotros. ¡Esa es la presencia de Dios!

—PASTORA MARÍA PATRICIA RODRÍGUEZ

PRÓLOGO

Desde el Avivamiento de Bogotá, hasta la Calle Adams en los Ángeles

La noche era fría. Habíamos aterrizado en el Aeropuerto "El Dorado" en la capital colombiana y aunque el clima nos hacía arroparnos, el corazón y el alma palpitaban de una manera muy especial y sentíamos que algo extraordinario estaba por sucedernos; era junio del 2007. ¿Qué hacíamos en Colombia? Para nosotros no era un lugar seguro al cual llegar, pues los sucesos que se veían en los noticieros acerca de la condición socio-política del país no eran muy alentadores, sin embargo, a pesar de todo esto, allí estábamos dispuestos a iniciar una aventura con la presencia de Dios.

El viaje que al principio habíamos pensado realizar mi amada esposa Hanelory y yo, terminó siendo el viaje de un grupo de diecisiete personas, en el que se incluían Marcy y René, dos de nuestros tres hijos. La amabilidad del equipo de logística del Centro Mundial de Avivamiento que nos recibió en el aeropuerto, fue solo el presagio de las experiencias que viviríamos los días que estaríamos en este país suramericano. Lo que vendría sería algo que marcaría nuestras vidas, familias, ministerio, y nuestra querida ciudad en la que hemos ministrado por más de treinta años: Los Ángeles, California.

Llegamos a Colombia por una "Diocidencia". Un miembro de la congregación me envió un correo electrónico para que leyera una noticia relacionada con una situación religiosa. Leí la nota, y me llamó la atención que al lado izquierdo de la página electrónica, había una palabra: Avivamiento. Desde que me convertí en el año 1979 en mi país de origen: El Salvador, fui una persona desesperada por aprender y recibir más de Dios. A los seis meses de convertido recibí el bautismo del Espíritu Santo y hablé en lenguas, y meses después comencé a recibir dones del Espíritu Santo. Después, vino el tiempo de servir como diácono en la congregación, luego trabajé de obrero y con los años, fui nombrado como ministro en la ciudad de Los Ángeles.

En diciembre de 1986, iniciamos con mi esposa una congregación de treinta personas, en la parte sur de la ciudad. El ministerio comenzó a multiplicarse de una manera sobrenatural y con el paso de los años el grupo de treinta se había convertido en una iglesia de miles. Llegó el momento de comenzar a tener congregaciones hijas, así que el ministerio abrió alrededor de cincuenta iglesias en la Unión Americana. Para octubre del 1995, comenzamos a vivir momentos de dificultades a nivel denominacional. Esos momentos, aunque causaron gran tristeza en mi vida, me hicieron refugiar en Dios y creer que en medio de toda esta tormenta, Él tendría algo mejor para nosotros. Las dificultades me harían más dependiente de Dios y más buscador de una manifestación fresca de Su presencia. Sabía que, aunque éramos una congregación de corte pentecostal, en el fondo teníamos la certeza de que había algo que nos faltaba.

Fui formado en mi denominación para creer que el Espíritu Santo es una Persona dentro de la Trinidad y lo prediqué por años. Enseñaba que el Espíritu Santo repartía lenguas, dones y poder, de hecho, en mi denominación para poder tener el privilegio de servir dentro de la congregación, debías hablar en lenguas; a decir verdad, hablábamos en lenguas casi solo para llenar el requisito y poder servir. ¡Pero nos olvidábamos de lo más importante! En esa gestación de versos bíblicos y lecturas me encontraba, cuando me llegó el correo electrónico que antes mencioné y que contenía el enlace con la noticia acerca del Congreso Mundial de Avivamiento en Bogotá, Colombia en el año 2007.

Antes de tomar la decisión de viajar a Bogotá, traté de obtener referencias con algunos amigos y ministros de la ciudad acerca del ministerio que organizaba este Congreso. Y uno de los motivantes más importantes para tomar la decisión de ir, fue el de nuestro amigo, el evangelista Alberto Mottesi. En el video promocional del Congreso de ese año, aparecía un segmento donde el evangelista Mottesi era impactado y caía al piso. Para nosotros eso de caer al piso era cuestión de emociones y de gente inmadura, pero al ver al hermano Mottesi desplomarse al piso después de la oración, yo me pregunté: ¿Si caerse al piso es cuestión de emocionales e inmadurez? ¿Qué inmadurez tendrá el evangelista Mottesi después de casi cincuenta años de ministerio? Así que cuando le pregunté por teléfono al hermano Mottesi acerca de su experiencia en el Congreso Mundial de Avivamiento el año anterior, esta fue su respuesta: "René, tengo más de cincuenta años de recorrer Latinoamérica. No voy a creerme de cualquier cosa después de lo que he vivido y visto. Lo que vi y viví en ese Congreso, marcó mi vida y ministerio", y luego añadió: "¡Todo ministro del evangelio que necesite un refrescar de la presencia de Dios, debe ir al Congreso del Avivamiento!". Me lo decía Alberto Mottesi y sus palabras tienen peso y credibilidad. Así que después de oír estas palabras, sin pensarlo dos veces, le dije a mi esposa: ¡Listo! ¡Hagamos maletas, nos vamos a Colombia! Ustedes entenderán que preparar el viaje de Los Ángeles hasta Bogotá nos llevó casi todo el día, por lo que cansados, nos acostamos hablando y pensando: ¿Qué nos ocurriría en ese Congreso? Pues, aunque los videos de las multitudes hambrientas eran impresionantes, sabíamos que ahora tendríamos nuestra propia experiencia y como pastores de un ministerio importante en la ciudad, sabíamos que lo que nos ocurriera, afectaría nuestras vidas, familias, ministerio, congregación y ciudad.

Finalmente aterrizamos en Colombia y llegó el primer día de este gran evento. El corazón me palpitaba aceleradamente mientras nos acercábamos al Centro Mundial de Avivamiento, el ambiente espiritual que se sentía en el lugar nos decía una sola verdad: ¡Dios estaba allí! No lo entendíamos completamente, pues estábamos acostumbrados a llegar a nuestros edificios y sabíamos que entre más silencioso el lugar, mejor, pero ¡esto era algo diferente! Hemos viajado con mi esposa e hijos por diferentes lugares en el mundo buscando la Presencia de Dios, hemos estado en congresos y conferencias de mucha bendición, pero con mucho respeto para estos ministerios que nos han bendecido, debo decir que lo que allí se sentía era muy, muy diferente. Era de otro nivel.

Me sentía como un niño nuevo en un salón de clases.

No sabía qué hacer, solo sabía que había algo que hacía estremecer mi espíritu, observaba a mi esposa, a mis hijos y al grupo que nos acompañaba y los veía como niños que estaban sorprendidos de lo que estaban presenciando. Parecía un sueño, pero era una realidad que tendríamos que digerir a medida que los días transcurrieran. Llegó la hora de iniciar el servicio y ya para ese momento la capacidad del auditorio estaba al tope, eran olas de miles y miles de personas de todo el mundo que agitaban las banderas de sus respectivos países. Unos cantaban, otros oraban y otros como yo solo me decía dentro de mí: "Dios mío Santo: ¿Qué es esto? ¿Cómo se llama eso que se siente en el ambiente que hace estremecer el corazón?". En mis pensamientos me encontraba, cuando comenzó a sonar la música dando por iniciado el servicio, era poderosa, bien ejecutada, tenía un algo especial y lo que más me gustó: Tenía un toque bien criollo.

En ese momento, aparecen en la tarima los pastores Ricardo y María Patricia Rodríguez, sólo los había visto a través del video promocional del Congreso y tenía una vaga idea de ellos. El porte y la presentación de ambos fueron impresionante, estaban elegantemente vestidos y debo admitir que me llamó la atención ese detalle, pero cuando expresaron las primeras palabras en ese lugar, la atmósfera cambio aún más. Cuando hablaron, declararon la razón por la cual estábamos allí y en ese momento dijeron algo que marcó mi vida: ¡Dios tenemos hambre de Tu presencia! En mi mundito religioso no podía comprender cómo dos personas tan impresionantes en lo externo, con una congregación multitudinaria, pudieran todavía expresar esas palabras. Normalmente, el pensamiento es que cuando un ministerio alcanza las proporciones que poseía Avivamiento, sólo es cuestión de mantenerse y avanzar, pero aquí había todavía hambre de Dios y los pastores Rodríguez lo expresaban con una pasión y convicción que es digna de admirar e imitar.

Cuando el pastor Ricardo predicó el primer sermón, dentro de su mensaje señaló y dio respuesta a la inquietud de mi corazón: ¿Qué es esto que se siente aquí y qué es lo que provoca todo este movimiento de multitudes hambrientas de Dios? Él lo dijo: "Es el Espíritu Santo de Dios". Después de la predicación, hicieron el llamado al altar para los que tenían hambre de Dios, debo confesarles que en ese momento me asusté. Unos ríos multitudinarios de personas pasaron al frente, o por lo menos lo intentaron, ya que la cantidad de personas que respondió al llamado era impresionante. Estábamos acostumbrados a que cuando se hacía el llamado en nuestras congregaciones unos cuantos, o docenas a lo sumo, pasaban al frente, pero aquí fueron miles y miles con un solo deseo: recibir más de la presencia de Dios.

Cuando quisimos reaccionar para pasar al frente, era tarde, ya que no había espacio para moverse, por lo que nos pusimos de pie y comenzamos a orar casi como niños: con un ojo abierto y otro cerrado. Cuando los pastores del Centro Mundial de Avivamiento comenzaron a orar y declararon un derramamiento de más de la presencia de Dios para los hambrientos, ocurrió delante de nuestros ojos lo que jamás en mis casi treinta y cuatro años como creyente había presenciado: Un grupo de personas fueron empujadas por un poder que en ese momento desconocía, como cuatro líneas de sillas salieron literalmente volando, recuerde que estoy orando como un niño: con un ojo abierto y otro cerrado. En mi mente dije: "Esta gente se va a golpear", pero cuando cayeron al piso, para mi sorpresa lloraban inconteniblemente, se veía en sus rostros el gozo, el hambre de Dios y la ministración poderosa de la presencia de Dios, en un nivel que nunca había visto. En el fondo de mi corazón dije: "Dios no sé exactamente qué es esto, pero si viene de Ti y causa esto en las personas, ¡yo también lo anhelo! Cuando las personas que salieron expelidas por el poder de Dios se comenzaron a incorporar, veía en sus rostros paz, gozo y satisfacción; algo así como: "Valió la pena venir".

El primer servicio finalizó y salimos a almorzar, pero la pregunta que había en todo el grupo con el que llegamos desde Los Ángeles era: ¿Y esto qué es? ¿Por qué la gente pasa por miles al altar? ¿Qué es lo que sienten, que los hace caerse al piso y llorar como lo hacen? Todos llevábamos preguntas en nuestros corazones. La tarde pasó y para el servicio de la noche ya teníamos una idea un poco más clara de cómo debíamos prepararnos y responder al mensaje y al llamado al altar. Estábamos más que dispuestos para lo que Dios tuviera para cada uno de nosotros después de lo vivido en el primer servicio. La expectativa era grande. Comenzó el servicio de la noche y la alabanza y la exaltación a nuestro Dios volvió a ser poderosa como en el servicio de la mañana. Llegó el momento de la predicación, y luego ya sabía que vendría el momento de la ministración, así que estaba preparado y expectante del llamado al altar, cuando llegó el momento, todo fue tan rápido que esta vez me quedé a medio camino: entre mi asiento y el altar, pero por lo menos avancé más que la mañana. Pasar al altar se me convirtió en un desafío.

Cerré los ojos y me entregué a pedirle a Dios que derramará Su bendición sobre mí; en esas tareas espirituales me encontraba, cuando ocurrió lo inesperado, las personas fueron ministradas y se vinieron como piezas de dominó, cayendo sobre los que estábamos detrás de ellos. El que estaba delante de mí, me golpeó con su cabeza en mi abdomen e inmediatamente me precipité al piso. Lo admito, fue el golpe lo que me tumbó, pero cuando mi cuerpo tocó el piso, inmediatamente comencé a sentir un poder que recorría mi cuerpo de pies a cabeza y las lágrimas comenzaron a aparecer de una manera muy especial; lloraba y lloraba, y aunque sabía que algunas personas estaban sobre mí, eso no me importaba en lo más mínimo. Transcurrieron unos minutos bajo esa ministración poderosa sobre mi vida, luego traté de reincorporarme sobre mis pies, y sin saberlo, mi hijo René Josué se dio cuenta de lo que había pasado y trató de ayudarme a levantar, mientras preocupado me preguntaba: ¿Papá, estás bien? Como no estábamos acostumbrados a este tipo de experiencias, lo que menos mi hijo quería es que me fuera a lastimar o algo por el estilo. Volví a mi asiento con lágrimas en los ojos y mi corazón palpitaba de gozo por la experiencia que recién había vivido.

Finalizó el Congreso del 2007 cerrando con una reunión multitudinaria en el Parque "Simón Bolívar". A pesar de lo grande del lugar, ello no le restaba a la presencia de Dios para hacerse presente. La misma atmósfera de gloria y presencia que sentimos en las instalaciones de Avivamiento, era también real en tan inmenso parque. La presencia de Dios estaba allí para bendecirnos, y lo hizo. Al día siguiente salimos de regreso a nuestra amada ciudad de Los Ángeles, y durante el vuelo, la conversación del grupo era la misma: ¿Por qué la gente corre tan hambrienta por miles para ser ministrada? ¿Por qué se caen cuando los pastores Ricardo y María Patricia Rodríguez oran por ellos? ¿Qué es eso que siente en el ambiente tan especial? Adultos y jóvenes conversábamos de estos temas. Algo grande y poderoso había iniciado en nuestros corazones y nosotros no lo sabíamos.

Yo creía que avivamiento era ser salvo, bautizado en aguas, hablar en lenguas, tener dones espirituales y servir en la congregación. Pero avivamiento, era mucho más que eso. Comencé a enseñarle a la iglesia lo que me estaba siendo revelado acerca de la persona del Espíritu Santo, y los meses siguientes me sirvieron para eso. Para el año 2008 volvimos a viajar a Colombia para participar nuevamente del Congreso Mundial de Avivamiento. Al llegar, una pareja de pastores del Ministerio de Avivamiento, nos atendieron y nos dijeron que buscarían el momento para que pudiéramos saludar a los pastores Rodríguez. Yo les dije: ¡No es necesario molestarlos!

Pero efectivamente como nos lo habían dicho, en la mañana durante el receso de la reunión del Congreso, tuvimos el honor de saludar a los pastores Ricardo y María Patricia. Les confieso que lo que me daba era como un temor religioso: ¿Qué tal si me toca y vuelvo a caer al piso? Así que llegó el momento de estar frente a frente con ellos, nos saludaron de una manera respetuosa y amable, la paz que reflejaban sus rostros era impresionante, luego nos presentaron y ellos nos saludaron y sentimos su cariñoso abrazo. Así que cuando me di la vuelta, dije con alivio ¡No pasó nada! Luego regresé al santuario para continuar participando de los servicios del Congreso.

Llegó el domingo 29 de agosto del 2008, día que haría historia en mi vida cristiana y ministerial. En esa mañana durante el receso, volvimos al lugar de atención para los pastores y volvieron a decirme que saludaría a los pastores Ricardo y María Patricia Rodríguez, a lo que respondí: "No es necesario, ya lo saludé ayer, dejaré el espacio para otros pastores que no lo han hecho", pero insistieron y me ubicaron junto a mi esposa en un lugar por donde ellos pasarían.

Cuando los vimos acercarse con una inmensa sonrisa en sus rostros, creímos que lo que querían era abrazarnos otra vez, hasta abrimos los brazos, pero extendieron sus manos y las pusieron sobre nuestras cabezas. ¿Se acuerdan que les mencioné que en el año 2007 allí mismo en Avivamiento, vi a las personas salir volando hacia atrás? Pues en ese momento a mi esposa y a mí nos ocurrió lo mismo. Caímos impactados por un poder que salía de los pastores Ricardo y María Patricia, que nos tumbó y nos hizo quedarnos ¡más de veinte minutos en el piso! Allí estábamos tirados en el piso de las oficinas de ese ministerio llorando como niños, mientras la gloria de Dios se movía sobre nosotros de arriba abajo de nuestro cuerpo, ¡jamás había llorado como ese día! Cuando al fin pude ponerme de pie con la ayuda de mi amada esposa Hanelory, mi traje azul oscuro de rayas celestes tenues, estaba lleno del polvo que recibió en el piso. Yo había visto a los borrachitos tambalearse, pero ese día el que me tambaleaba era yo. Una nueva dimensión que marcaría nuestras vidas y ministerio había comenzado a moverse en nosotros.

En uno de los últimos mensajes del congreso del 2008 recuerdo que el pastor Ricardo preguntó: ¿Cuántos quieren recibir más de la unción del Espíritu Santo?, pero con el compromiso que no se quedarán con ella, sino que la compartirán con otros. Pasé al frente e hice la oración y el compromiso, y sin demoras, cuando regresamos a Los Ángeles, continué enseñando acerca de lo que dijo Jesús acerca del Espíritu Santo y comencé a realizar servicios y reuniones donde ministraba a la gente. Les compartí a mi familia y al equipo ministerial la experiencia que tuvimos en el Avivamiento de Bogotá, oramos por ellos y juntos le pedimos perdón al Espíritu Santo por haberlo ignorado por tanto tiempo. Después lo hice con el liderazgo, servidores y congregación.

Comenzaron a ocurrir derramamientos de la presencia de Dios en los servicios de una manera inusual y los enfermos comenzaron a sanarse. La primera sanidad fue la de una mujer que tenía cáncer en un estado terminal, cuando oré por ella, cayó al piso con un dolor más intenso de cabeza, así que de allí se la llevaron al hospital y como novato en este mover me dije: "¿Qué hice?, en lugar de Jesús sanarla, la situación se puso peor". Me reportaron después, que pasó hasta la madrugada con un intenso dolor de cabeza y los doctores lo asociaban con el tumor en su cabeza; lo tremendo, fue que cuando lo médicos la examinaron la tercera vez, los tumores y el cáncer había desaparecido, ¡Jesús la había sanado!

También los jóvenes de la congregación comenzaron a ser ministrados de una manera especial, incluyendo nuestros tres hijos. Una noche el Espíritu Santo le habló a mi corazón y me dijo que llamara a todos los jóvenes de la congregación al frente para orar por ellos y el altar se llenó de jóvenes. Cuando oré por ellos todos se fueron al piso e impactados de la presencia de Dios, no paraban de llorar. Los niños comenzaron a ser impactados por el Espíritu Santo. Nuestro único y sincero deseo como pastores, era llevar a la congregación en lo que el Señor nos había mostrado en Bogotá: un nivel más íntimo de relación con Dios y Su presencia, y era evidente por lo que estaba pasando.

Desde esa primera vez que fuimos al Centro Mundial de Avivamiento, no nos hemos perdido ningún Congreso, de hecho, desde ya estamos preparándonos para el próximo y debo admitir que nos encontramos más hambrientos que nunca. Somos sólo principiantes en la búsqueda de Su presencia.

¡Gracias pastores Ricardo y María Patricia Rodríguez por enseñarnos la amistad con el Espíritu Santo, el amor y pasión por la presencia de Dios y una fe radical por nuestro precioso Jesús! Declaramos sobre sus vidas: ¡Que serán padres de grandes Avivamientos alrededor de la tierra! ¡Dios les recompensará con muchos años de salud, fortaleza, gozo y abundancia de Su presencia y de todos los bienes de Su diestra por su corazón generoso y transparente! ¡Los años que vendrán serán mejores porque estarán más llenos de unción, palabra y mucha, mucha sabiduría! ¡El Espíritu Santo acumulará en ustedes respaldo, experiencia y sabiduría para ser mentores para las futuras generaciones de avivadores! ¡Gracias por su amistad!

—PASTORES RENÉ Y HANELORY MOLINA
IGLESIA RESTAURACIÓN—LOS ÁNGELES
DESDE EL AVIVAMIENTO DE LA CALLE ADAMS

PRÓLOGO

E N LA VASTA población de más de 50 millones de habitantes que conformaba el Imperio romano del primer siglo, había un grupo de discípulos y discípulas del nazareno denominado *El Camino*. Popularmente, tenían fama de ser alborotadores (Hechos 16:20) y dar signos de *locura e insensatez* a razón sus creencias y estilo de vida. Pues a quién se le ocurriría llegar al punto de sufrir maltratos y morir por causa de alguien que fue crucificado como un criminal por el Gobierno romano y que yacía muerto (1 Corintios 1:21–23). Desde el seno del cristianismo naciente, sin embargo, la percepción era totalmente distinta a la popular: *cómo podríamos vivir de la misma manera que antes si nuestro líder es Dios mismo hecho hombre, juzgado y crucificado en lugar nuestro, pero resucitado por el poder del Espíritu Santo quien ahora vive con y en nosotros*. La nueva vida en Cristo garantizada por la resurrección del Hijo de Dios se convirtió en la obsesión liberadora del creyente, "para que los que viven, ya no vivan para sí, sino para aquél que murió y resucitó por ellos" (2 Corintios 5:15).

Pero Jesucristo hombre ascendió y dejó en su lugar a la persona del Espíritu Santo, por medio del cual podemos llamar a Jesucristo Señor y quien nos asiste en relacionarnos con el Padre. El Espíritu Santo se convirtió para los primeros creyentes en un compañero divino del camino, fuente de vida, maestro de la verdad y madre de la esperanza. Mientras Jesús caminaba con las personas, el Espíritu Santo caminaba y aún lo hace en personas y comunidades enteras por ser dador de vida y sanador de comunidades.

El pastor Ricardo Rodríguez junto con su esposa la pastora Patty nos aseguran que "el Espíritu Santo está vivo hoy, es fiel y está con nosotros". Como bien lo expresa el pastor Ricardo, esto nos lleva a enfermarnos de amor por el Espíritu Santo, a ser adictos a su amor y su compañía. Lo cual me parece es un reflejo contemporáneo de la antigua obsesión del amor del Jesús ungido (Cristo) de los creyentes del primer siglo. Como correctamente lo indica el pastor Ricardo, esto no constituye el privilegio de unos pocos (lo cual se tildaría como herejía gnóstica) sino la promesa del Espíritu Santo es para todos nosotros hijos e hijas de Dios, sin excepción. La adicción a la cual alude el pastor Ricardo no es una adicción a los números, a la fama, a la fortuna, al estatus, al poder ni al privilegio. Por el contrario, es una adicción que busca apartarnos de estas *otras* adicciones que son fachadas y simulacros de la verdadera y profunda presencia divina.

En *Adictos a Su presencia* vemos el testimonio de un pastor que junto a su familia e iglesia deciden vivir más allá del promedio evangélico y para ello se rinden incondicionalmente al seguimiento del Espíritu Santo. Esto los lleva a entender que el avivamiento no es un episodio ocasional ni una fórmula mágica o una serie de tácticas de mercadeo tecnológico al servicio de una organización religiosa sino más allá avivamiento significa *arder por Jesucristo en el poder del Espíritu.* Es un *llama*miento, o sea, una llama divina siempre encendida en la persona entregada a la obra del Espíritu de Dios. Hoja tras hoja de este libro inspirador vemos plasmado el deseo de dejarnos un mensaje, para quienes hemos sido llamados al ministerio y al seguimiento de Jesucristo, no hay substituto que valga, el Espíritu Santo es nuestro divino compañero. Por ello, para cuidar nuestra relación y ser efectivos en nuestro testimonio público debemos asegurarnos de desarrollar continuamente cuatro virtudes: humildad, fe, rendición y temor de Dios—nunca tocar la gloria de Dios.

Le damos la bienvenida a *Adictos a Su presencia*. Como lectores saldremos inspirados, edificados y retados porque un gran descubrimiento de este libro es que los avivamientos de Dios no se apagan, pues su ferviente llama nunca deja de arder. Pero somos nosotros y nuestras instituciones las que pueden apagarse en el momento en que dejamos de comulgar y obedecer al Espíritu del Jesús resucitado.

—Oscar García Johnson, PhD
Decano Asociado y Catedrático de Teología
y Estudios Latinos
Centro para el Estudio de Iglesia
y Comunicad Latina
Seminario Teológico Fuller
Pasadena, California
20 de septiembre de 2017

AGRADECIMIENTO

A la persona más maravillosa que hemos conocido y que hay sobre la tierra, al Espíritu Santo de Dios, por Su inigualable paciencia, dedicación y amor con nosotros, por enseñarnos a conocerle y por ayudarnos a obedecer y amar a nuestro Salvador, el Señor Jesucristo.

—PASTOR RICARDO RODRÍGUEZ

Capítulo 1

NUESTRA ADICCIÓN

UNA ADICCIÓN PUEDE ser a una sustancia, a una actividad o a una relación con una persona, en nuestro caso, no es a las multitudes, al éxito, ni a los resultados, nuestra adicción es al Espíritu Santo. Y tal vez te puede sonar un poco fuerte o exagerado, pero cuando te encuentras con Él, no quieres que nadie te lo quite, llegas a un punto en tu relación con Dios, en el que no puedes vivir sin Él, pues lo necesitas más que al aire que respiras, es allí, cuando todo cobra sentido.

A lo largo de todos estos años, lo más hermoso y precioso que hemos tenido es la compañía del Espíritu Santo, Su amor, Su gloria sobre nosotros y Su poder en medio nuestro; hemos sido testigos de cientos de miles de milagros, de cientos de miles de vidas restauradas, por eso, al hacer una pausa y mirar hacia atrás, vuelvo a recordar esos primeros días cuando andábamos en Su búsqueda y no sabíamos en realidad lo que nos íbamos a encontrar, ni el alcance que tendría este maravilloso encuentro.

Jamás imaginamos lo grandioso de esta relación espiritual, pues este mover glorioso del Espíritu Santo, traspasó las paredes de nuestra iglesia y ha permeado en nuestra sociedad, tocando a nuestros gobernantes e impactando a las esferas más altas y a las más bajas de nuestro país, para extenderse así a las naciones de la tierra.

Para describir un poco mejor esta adicción, podría decirte que es algo que en la noche arde en mi espíritu y hace que espere con ansias que llegue la mañana para ir a buscarle, es como vivir en otra dimensión, deseando Su presencia como nunca antes la había deseado, es literalmente como estar enfermo de amor por Él.

No quiero dar un paso adelante a menos que Él vaya conmigo, no quiero tomar una decisión sin Su consejo, no quiero levantarme y sentir el alma vacía, necesito Su presencia, es la razón de mi vivir, es a quién busco cada día; poder verlo, oírlo, sentirlo y saber que está ahí para mí, que yo pueda decir estoy parado en la presencia del Dios todopoderoso, es lo que ha dado sentido y propósito a mi vida.

¿Sabes? Tengo la certeza de que para cada persona que nace de nuevo, para cada hijo de Dios, Él tiene un propósito y establece planes increíbles, y creo con todo mi corazón, sin temor a equivocarme, que uno de los principales propósitos y planes que Dios estableció para mi esposa y para mí, es el de ayudar a Su pueblo a conocer al Espíritu Santo.

Y es que hay algo que debes saber, y es que no es un privilegio de unos pocos, sino una promesa para todos nosotros, sin excepción. Por eso, cuando lees todo esto acerca de nuestra adicción por Su presencia, quizá puedas pensar que es algo distante, que eso no es para ti y que nunca lo podrás alcanzar, pero déjame decirte una cosa, si tú eres hijo de Dios, esta promesa es para ti.

Cuando descubrí esta realidad del Espíritu, pasaba horas y horas con Él, disfrutando de Su presencia hasta que en mi espíritu comenzó a fluir una certeza interior, que hasta estas alturas tengo, y es que no puedo vivir sin Él, ¡No puedo! Y es que es literalmente lo que decía un coro que cantábamos hace unos años en el Avivamiento: "Sin Él yo podría morir, podría caer, sin mi Cristo estaría perdido, como un barco sin rumbo en el mar", es por eso, que una vez lo encontré, me he aferrado a Él todos estos años, porque por nada en esta vida puedo dejarlo ir, pues estaría perdido si Su presencia no va conmigo.

Todo esto comenzó hace casi 25 años, y Patty, mi esposa, me dijo hace algún tiempo que mi adicción la había hecho a ella una adicta al Espíritu Santo, y el Señor me lo confirmó, pues me dijo que ella era Su amiga y que tenía una intimidad con Él que no podía tener conmigo, ni con nuestros hijos, incluso si su mamá viviera, tampoco la podría tener con ella, y lo entiendo totalmente, porque lo que vivimos en el secreto es tan grande y personal, que muchas veces no puedo si quiera compartirlo con ella, y ¿Sabes? Tiene todo el sentido lo que Patty me dijo, pues no sé si lo sabías, pero sólo un verdadero adicto, puede envolver a alguien más en su adicción.

Mi esposa ha sido una gran columna para mí y un gran apoyo en toda esta aventura con el Espíritu Santo, juntos disfrutamos esa amistad con Él, de hecho, si nos preguntaras cuáles son nuestros mejores tiempos, son precisamente esos que pasamos en Su presencia, ella en su lugar de oración y yo en el mío; buscándole, compartiendo con Él y luego reuniéndonos para gozarnos con todo lo que Dios ha hecho en nuestros corazones, lo que nos ha dicho y enseñado. Nuestras mañanas son maravillosas, es lo mejor que nos puede pasar en todo el día.

Ahora, no creas que ahí paró todo, pues una adicción no es algo que pueda esconderse por mucho tiempo, y así sucedió, afectó a nuestros hijos y traspasó las paredes de nuestro hogar, envolviendo a su vez a las personas que teníamos a nuestro alrededor, por eso, aunque hayas oído hablar en muchas ocasiones del Espíritu Santo, puedo asegurarte que al leer este libro, te embarcarás en un viaje a lo sobrenatural, donde no sólo vivirás experiencias inexplicables, sino que tendrás una insaciable y recurrente necesidad de estar en Su presencia, hasta que se te convierta en una verdadera adicción y no puedas concebir tu vida sin Él.

A veces, después de las reuniones, en medio de largas conversaciones que sostenemos con otros pastores y amigos que nos visitan, o bien cuando vamos a sus países, nos preguntan: ¿Cómo es Su presencia? Y bueno que puedo decirte, cuando Él desciende, tú sabes que Él descendió.

No hay una realidad más grande para un creyente que la gloria del Espíritu Santo, es algo tan sorprendente que tú puedes poner tu vida entera cuando Él está allí, es más real que la persona que tienes al lado. Su presencia es tan gloriosa que si en el momento tienes los ojos cerrados, sientes como si tuvieras miles de voltios de luz sobre tu vida, es tan radiante que tú podrías pensar que aumentaron las luces del lugar, en otras ocasiones tu cuerpo está como adormecido o entumecido por causa de la presencia del Señor y no puedes, ni quieres moverte. También puede ser como le sucedió a Elías, quien cubrió su cabeza a causa de la gloria de Dios. Por eso, en medio de una reunión en la cual el Espíritu Santo se esté moviendo poderosamente, no te extrañes si alguien a tu lado cae postrado y llorando, no creas que lo hace porque es un fanático y en cambio el del otro lado que está como una piedra no lo es; lo que sucede es que al primero lo está visitando Dios y al otro no. Ante Su presencia es prácticamente imposible estar de pie.

También habrá momentos en que sientas una paz interior y un gozo indescriptible y entonces, no te quedará ni la menor duda que es Él, pues Su presencia es inconfundible. Aun si un demonio viniera para tratar de confundirte, tú lo notarías de inmediato, pues ¿sabías que Satanás tiene una maldición sobre sí que es "espanto serás"? Así que, aunque él se vista de ángel de luz, podrás reconocerlo, de la misma manera, cuando el Espíritu Santo venga, tú tendrás la certeza en tu espíritu que es Dios.

El hombre sabe cuándo se encuentra con Su creador, por eso, un fenómeno abominable del tiempo final, es la apostasía. Porque no es natural, ni esperado que alguien que conoce a Dios, vuelva atrás. Es que, ¿Cómo volver a atrás de aquél que nos amó? Si tú conoces al Espíritu Santo y tienes comunión con Él, inevitablemente te volverás un adicto por Su presencia.

Ahora bien, en medio de esta adicción, no sólo tú sabrás reconocer Su presencia, sino también Su voz. El Señor lo dijo: "Mas al extraño no seguirán, sino huirán de él, porque no conocen la voz de los extraños" (Juan 10:5), "Mis ovejas oyen mi voz, y yo las conozco, y me siguen" (Juan 10:27). Te voy a poner un ejemplo muy sencillo, es como si me llamara por teléfono Patty, y yo empezara a decirle: ¿Quién es usted? ¿Por qué me dice amor, si yo soy un hombre casado? Obviamente que esto no pasa, ella dice amor y yo ya sé quién es, podrían poner a hablar a mil mujeres, que yo sin lugar a duda reconocería cuál es la voz de mi esposa. Igualmente pasa con el Espíritu Santo, no importa cuántas voces oigas, tú sabrás cuál es la de Él.

Al entrar en niveles profundos en tu relación con Dios, inevitablemente te volverás un adicto a Él y reconocerás Su voz, a tal punto, que ni siquiera un ángel podría

5

confundirte. Hace un par de años, estuve muy enfermo durante seis meses, algo le pasaba a mi cuerpo y humanamente no podía madrugar a buscar a Dios, tanto como lo hacía antes, así que prolongué mi sueño por una hora más. Me realizaron varios exámenes médicos, el doctor no sabía si era el azúcar, el colesterol o la tensión, me dijeron muchísimas cosas, pero a la final no encontraron una explicación para lo que le sucedía a mi cuerpo.

Una mañana me despertó una voz, yo supe que era un ángel y me dijo: "Despierta tú que duermes, y te alumbrará Cristo", al instante quedé sentado. Yo sabía que no era el Señor, así que le dije a Patty: "Un ángel me llamó" y le conté todo lo que me había dicho. Nosotros estábamos en un viaje y nos encontrábamos en un hotel, entonces me levanté y me dirigí hacia el balcón de la habitación, era la madrugada y todo estaba oscuro, pero allí empecé a buscar a Dios. Estaba postrado, cuando Dios me dio una palabra: "Porque he aquí ha pasado el invierno, se ha mudado, la lluvia se fue; se han mostrado las flores en la tierra, el tiempo de la canción ha venido" (Cantares 2:11–12).

Me dijo, además: "Se acabó la aflicción, viene la mañana de la alegría, ya no quiero una hora más tarde, no soporto esperar esa hora, despiértate hijo mío, déjame oír tu voz y muéstrame tu rostro", así que fue allí, en ese preciso momento donde escribí el primer coro que Él me regaló: "La voz de mi Amado".

¿Puedes imaginar a Dios esperando por ti? Pues bueno, en medio de esa relación de adicción con el Espíritu Santo, debes saber que no solo Él te estará esperando, sino que además anhela oír tu voz, quiere que le digas: "Aquí estoy". Quiere que entres en esa intimidad y lo busques desesperadamente.

Ahora deseo compartir contigo una anécdota que me gusta mucho y se trata de un sacerdote que salía todos los días a medio día a revisar su iglesia, cuando de repente, un día, entró un hombre un poco extraño y se arrodilló, dijo unas palabras y se fue, al día siguiente volvió a la misma hora e hizo lo mismo, y así fue por varios días. El sacerdote sospechaba de las malas intenciones que pudiera tener este hombre, así que cierto día lo abordó y le dijo: ¿Qué estás haciendo?, a lo que el hombre le respondió: "Yo trabajo en una fábrica muy cerca de aquí, tengo todos los días media hora de almuerzo, así que vengo, me arrodillo y le digo unas palabras a Jesús: 'Señor, sólo vine nuevamente para decirte lo feliz que me hace el haberte conocido, la paz que tengo porque perdonaste mis pecados, gracias por rescatarme y ser mi amigo, no sé orar muy bien, pero pienso en Ti, todo el día. Este es Jim reportándose' y me voy, porque no tengo más tiempo". Al oír estas palabras, el sacerdote se sintió muy avergonzado y después de que Jim se fue, cayó sobre sus rodillas y llorando le dijo a Dios: "No sabes lo feliz que me hace el haberte conocido y saber que has perdonado todos mis pecados, gracias por rescatarme y ser mi amigo, no sé orar muy bien, pero pienso en Ti, todos los días. Este soy yo reportándome".

Pero un día Jim dejó de ir a la iglesia como era su costumbre y pasaron un par de semanas y el sacerdote, ante su ausencia, se preocupó mucho y fue hasta la fábrica en la que trabajaba para averiguar por él. Allí le dijeron que Jim estaba muy grave y se estaba muriendo en el hospital, así que el sacerdote corrió en su búsqueda, y al preguntar por él, una enfermera lo acompañó hasta el lugar donde se encontraba, mientras que le decía: "Jim es el hombre más extraño que he conocido, siempre está feliz y tiene una sonrisa que nadie la entiende, pues es inexplicable su alegría y su paz, cuando él no tiene a nadie, no hay quien lo visite". Al oír esto, Jim dijo: «No, eso no es cierto, ella no dice la verdad, todos los días a medio día viene alguien a visitarme, es un gran amigo, se sienta a los pies de mi cama, me toma la mano y me dice: "No sabes lo feliz que me hace el haberte perdonado tus pecados y el tener tu amistad, no tienes ni idea la alegría que me da el venir aquí y visitarte cada día. Este es Jesús, reportándose"».

Debes saber que el Espíritu Santo está esperando a que tú lo llames y vayas tras Él, pues si hoy tomas la decisión de acudir a esa cita celestial, si te apasionas por Él, buscas esa intimidad, escudriñas Su palabra y lo adoras con todo tu corazón, puedo garantizarte que vas a tener algo en tu espíritu que no vas a poder describir, vas a decir: ¿Qué tengo que espero pronto la mañana para buscarlo?, estarás deseándolo como nunca antes y se cumplirá en tu vida la palabra de Isaías 26:9a: "Con mi alma te he deseado en la noche, y en tanto que me dure el espíritu dentro de mí, madrugaré a buscarte". Sólo entonces sabrás lo que es una adicción.

Dios está anunciado que el tiempo de la primavera ha comenzado y Él no te quiere escondido, quiere que salgas y lo busques, porque si lo haces, el Espíritu Santo te hará saber lo que Dios te ha concedido, cambiará tus tinieblas en luz, te hará florecer y resplandecer, te consolará y te levantará, porque en Su presencia es donde vas a poder escuchar la voz de tu Amado diciéndote: "Has cautivado mi corazón".

Por eso, nuestra oración en este momento es que cada palabra de este libro sea la que Dios tiene para ti, que cada línea, cada capítulo, te envuelva y te lleve a una dimensión en la que nunca has estado, hasta que puedas tener un mayor entendimiento de esta maravillosa realidad del

Espíritu Santo y tu fe reverdezca; que al ir avanzando en esta relación con Él, se impregne en tu vida Su aroma que hace que los demonios huyan y las bendiciones vengan a ti, que se encienda ese fuego en tu corazón, que haga que lo busques con desesperación, que haya tal incapacidad en ti para continuar si Él no va contigo; que aprendas a conocerlo y estés tan enamorado que no quieras ver salir el sol, sin antes verlo a Él primero. Que tengas un nivel de dependencia de Él, que tengas que decir: "Soy un adicto de Su Presencia".

Capítulo 2

UNA RELACIÓN CON ÉL

CUANDO EL ESPÍRITU Santo nos visitó en el año 93, uno de los primeros lugares donde compartimos lo que el Señor estaba haciendo aquí en Colombia, fue en Cuba y luego en España. Yo realmente iba para el norte de África, pero tomé una ruta diferente por Europa, y alcancé a estar unos días ministrando en diferentes iglesias en España.

Entre esas iglesias, tuve la oportunidad de ir a una iglesia gitana, y al finalizar el servicio, me contaron acerca de su experiencia, pues hacía unos meses un predicador muy ungido que conozco, había hecho una convocatoria en Barcelona, en la cual ellos habían recibido la unción. Estaban muy emocionados porque Dios los había tocado, así que al regresar a su iglesia en Madrid, comenzaron a ministrar. Allí la gloria de Dios descendió sobre estos servicios, la gente caía embriagada bajo el poder de Dios, unos se reían, otros lloraban, pasaban cosas realmente sorprendentes, y así sucedió noche tras noche durante tres meses. Pasado este tiempo todo se acabó, ya no había unción, no había milagros, ni todas estas experiencias que habían vivido.

Cuando yo fui, debo reconocer que fue uno de los

servicios más difíciles de ministrar en los que he estado, sus corazones estaban endurecidos, los niños corrían por la iglesia mientras estaba predicando, fue realmente complicado para mí, pero al oír acerca de todo esto que había pasado, entendí que el Espíritu de Dios se había contristado, pero, no sabía por qué. Así que esa noche me fui a orar y se lo pregunté al Señor, y el Espíritu Santo me habló y me dijo: "Ellos buscaron una experiencia y se olvidaron de tener una relación conmigo". Era muy claro, ellos se quedaron solo con la experiencia.

Debes saber que Dios no quiere que solamente tengamos una experiencia, aunque claro, Él nos las da, pues donde el Espíritu Santo entra tiene que haber manifestaciones, la gente difícilmente puede estar de pie, algunos tiemblan, otros sienten calor en su cuerpo, caen bajo el poder de Dios y se levantan completamente sanos. Todo esto, es completamente normal, porque no fue un pastor, un gran personaje o un reconocido predicador el que entró, sino el mismo Dios todopoderoso y por consiguiente nuestro cuerpo no puede resistir esa gloria. Eso explica el porqué de esas manifestaciones, pero debes tener muy claro que todo esto ocurre, solo como una señal y no te debes quedar ahí, sino enfocarte en la persona que las causa, poner tus ojos en Dios, quererlo y anhelarlo a Él y solo a Él.

Caminar con el Espíritu Santo es lo más emocionante que una persona puede vivir, pero Él no quiere de ese tipo de gente que le huye al compromiso, Dios desea que vayamos en serio con Él y tener con nosotros una relación de adicción. Puedes pensar que es difícil, pero cuando el Señor cautiva tu corazón, cuando Él te toca, te darás cuenta que es un deleite. Por supuesto que me gusta dormir, pero no creas que me cuesta levantarme en la madrugada, pues yo sé que Él me está esperando, siempre lo hace, y hay ocasiones en las que me sorprende de tal manera, que suceden cosas que no podría escribirlas en este libro, bien porque no encuentro el lenguaje para explicarlas, o porque son tan íntimas entre Él y yo, que no puedo compartirlas, pero lo que sí puedo asegurarte es que cada día acudo con gran alegría y expectativa a este encuentro celestial con el Espíritu de Dios.

Pero bueno, en este punto tal vez te preguntarás: ¿Cómo es esa relación con el Espíritu Santo? Voy a contarte un poco acerca de esto. En algunas ocasiones puedo decirte que mi relación con Dios es de pacto, pues Él juró que estaría con nosotros y hay momentos en los cuales necesito hacer uso de esa promesa. Un ejemplo de esto, lo vivo cuando se acerca el comienzo de una reunión y siento la necesidad de entrar una vez más delante de Su presencia, cuando de pronto me encuentro en mi oficina, en una guerra de amores diciéndole: "Señor, Tú tienes que entrar conmigo, Tú lo prometiste, dijiste que a dónde yo fuera, Tú irías conmigo, eres el Espíritu de la promesa, no me dejes solo en el púlpito", y Él siempre viene, Dios cumple Su pacto.

Tal vez habrás leído o escuchado el siguiente pasaje: "¿O pensáis que la Escritura dice en vano: El Espíritu que él ha hecho morar en nosotros nos anhela celosamente?" (Santiago 4:5). Pues así es, Dios nos desea y por eso pide en nosotros el primer lugar, de ahí que Su primer mandamiento sea amar a Dios sobre todas las cosas. Esto, desde el comienzo fue muy claro para mí, pues había cosas que me gustaba hacer, pero cada vez que corría a ellas, el Espíritu Santo comenzaba a llamarme, hasta que un día entendí que mi corazón podía disfrutar de otras cosas, pero mi amor era sólo para Él.

Muchas veces me sucede como en el pasaje de Cantares 3:1: "Por las noches busqué en mi lecho al que ama mi alma; lo busqué, y no lo hallé" y Cantares 3:4–5: "Hallé luego al que ama mi alma; lo así, y no lo dejé, hasta que lo metí en casa de mi madre, y en la cámara de la que me dio a luz. Yo os conjuro, oh doncellas de Jerusalén, por los corzos y por las ciervas del campo, que no despertéis ni hagáis velar al amor, hasta que quiera". Una vez tú lo encuentras, no lo quieres soltar, como te lo habíamos dicho antes, te vuelves adicto a Su Espíritu.

¡Dios es especialista en hacer cosas que roban tu corazón! Hay una pastora que venía siguiendo el ministerio de Avivamiento y estaba enamorada del Espíritu Santo, así que comenzó a decirle: "Espíritu Santo alégrate, alégrate Espíritu Santo", ella ni sabía por qué oraba así, pues no es una oración usual. Pero cierto día, vino a Bogotá porque quería estar un fin de semana en el avivamiento; mientras estaba en el servicio el Espíritu Santo descendió sobre ella, de tal manera que podía sentir Su gloria y Él le dijo: "Yo aquí me alegro". ¿Puedes imaginarlo? En Avivamiento Él se alegra, ¡que tremendo! Cuando me contaron esto, fui a mi lugar secreto quebrantado a decirle: ¿Señor, Tú te alegras en este lugar? Y el Señor me dio esta palabra: "Yo soy de mi amado, y conmigo tiene su contentamiento" (Cantares 7:10). El Espíritu Santo se alegra con Su pueblo, con Sus hijos, con Su amada. Ahora tengo que pensar diferente cuando lo adoramos, porque sé que Él está alegre de estar ahí en medio nuestro.

Dice la Biblia en Juan 1:12: "Mas a todos los que le recibieron, a los que creen en su nombre, les dio potestad de ser hechos hijos de Dios; los cuales no son engendrados de sangre, ni de voluntad de carne, ni de voluntad de varón, sino de Dios", así que somos engendrados, tenemos la genética de Dios. Esto es, en muchas ocasiones mi relación con Dios y mientras camino con el Espíritu Santo puedo sentir la cobertura, protección y cuidado de un Padre. ¡Ay de los hijos que se apartan, dice Jehová, para tomar consejo, y no de mí; para cobijarse con cubierta, y no de mi espíritu, añadiendo pecado a pecado! (Isaías 30:1).

Él es mi Padre, es mi amor, es mi Dios que me hizo un pacto, pero también sé que Él es mi amigo. Dos años después de haberme encontrado con Él, noche tras noche, mañana tras mañana, estaba una tarde orando y de pronto mi pensamiento se fue y volví a mi niñez, creí que me había distraído de mi oración, de mi comunión con Él, pero ahora veo que fui llevado por el Espíritu Santo, y me acordé de mi mejor amigo en prescolar, recordé su nombre y de cómo compartíamos la lonchera. Luego recordé mi mejor amigo en la primaria, como salíamos y jugábamos fútbol, me acordé de mi mejor amigo terminando el colegio con el que salíamos y aunque tenía una vida de un joven de mundo, era mi mejor amigo. Me acordé de mi mejor amigo en la universidad y aun de mi mejor amigo en la fe, pero de pronto, volví por un instante al lugar en dónde estaba, y recordé los dos últimos años y me pregunté: Actualmente, ¿quién es mi mejor amigo? Y tratando de buscar, me di cuenta que no lo tenía. Así que le dije al Señor: "Estos dos años he estado aquí contigo y no tengo un mejor amigo" y el Espíritu Santo se acercó tanto que caí de rodillas sobre un tapete que me regalaron en Nueva York, y al leer la inscripción que tenía, esta decía: "Friends forever" (Amigos por siempre) y fue allí cuando Él me dijo: "Yo soy tu mejor amigo", entonces supe lo que significa ser un amigo de Dios.

Pero debes saber que esta relación de amistad, sólo

viene a tu vida, cuando caminas con Él. No es un cliché o un estereotipo, es una relación. Enoc caminó con Dios, Noé caminó con Dios y Abraham camino con Dios, y acerca de él Dios dijo: ¿Encubriré yo a Abraham lo que voy a hacer? No hay secretos cuando caminas con Dios. "Porque no hará nada Jehová el Señor, sin que revele su secreto a sus siervos los profetas" (Amos 3:7), "Pero os he llamado amigos, porque todas las cosas que oí de mi Padre, os las he dado a conocer" (Juan 15:15b).

En el año 1993, el Espíritu Santo me visitó y desde ese momento compartía con Él todos los días por ocho horas, no fue para mí solo una experiencia, no fue algo de emociones, no fue un temblor, fue una relación. Transcurridos dos años de este caminar diario y continuo con el Espíritu Santo, fue cuando Él me dijo: "Yo soy tu mejor amigo". Él sabía que yo no estaba jugando a la amistad, sino que desde ese día en que Él me visitó y hasta el día de hoy ha sido así, Él es mi mejor amigo y disfruto yendo a todas partes con Él.

"Pero tú, Israel, siervo mío eres; tú, Jacob, a quien yo escogí, descendencia de Abraham mi amigo" (Isaías 41:8). En la Biblia, es claro que Israel es la descendencia de Abraham por la carne, y que nosotros la Iglesia somos descendencia de Abraham por la fe, pero en el pasaje que acabamos de leer dice: "descendencia de Abraham mi amigo", así que aunque no suene muy bien teológicamente lo que voy a decir, yo sí creo que debe haber una descendencia de amigos de Dios y yo soy uno de ellos. Y no te alcanzas a imaginar cómo desea Dios poder llamarte no solo hijo o discípulo, sino "Mi amigo".

Con todo esto que te contamos del Espíritu Santo, lo único que queremos es provocarte a sed y solo Dios sabe cuánto nos gustaría que al acabar de leer este capítulo estuvieras postrado delante de Él diciéndole: "Espíritu Santo, yo también quiero ser tu amigo".

Al igual que una persona cuando es citada ante un juez no puede ir sola, pues por ley, el abogado debe estar allí, a su derecha y él le va diciendo a su cliente lo que tiene que hacer y decir, porque lo que allí se diga queda escrito y puede usarse a su favor o en su contra; en los momentos más difíciles de mi vida, el Espíritu Santo ha estado allí a mi lado, como mi abogado, diciéndome qué decir y qué no decir. Esta es otra parte de mi relación con Dios.

Como te habrás podido dar cuenta, con el Espíritu Santo tengo una relación que es cada caso muy diferente, pero Él es uno solo. De todas las relaciones que te mencioné, hay una que es la que más me gusta y es esta última que quiero compartir contigo, se llama: "Doulos". En Deuteronomio, Dios dio una ley sobre los esclavos a Israel, y les dijo: "Si se vendiere a ti tu hermano hebreo o hebrea, y te hubiere servido seis años, al séptimo le despedirás libre. Y cuando lo despidieres libre, no le enviarás con las manos vacías. Le abastecerás liberalmente de tus ovejas, de tu era y de tu lagar; le darás de aquello en que Jehová te hubiere bendecido. Y te acordarás de que fuiste siervo en la tierra de Egipto, y que Jehová tu Dios te rescató; por tanto, yo te mando esto hoy. Si él te dijere: No te dejaré; porque te ama a ti y a tu casa, y porque le va bien contigo; entonces tomarás una lesna, y horadarás su oreja contra la puerta, y será tu siervo para siempre; así también harás a tu criada". (Deuteronomio 15:12–17).

Estos esclavos, aunque habían sido dejados en libertad, se hicieron siervos por amor, a ellos se le llamaban "Doulos". Así que había 3 grupos de siervos: Los jornaleros que trabajaban en un horario de la mañana a la noche, descansaban el fin de semana y recibían el pago por su trabajo. Estaban también los siervos, que por su condición de esclavos, servían día y noche durante seis años, tiempo después del cual quedaban en libertad. Pero había un tercer grupo a los que se les conocían como "Doulos", ellos tenían una condición diferente, pues su amo tenía que darles casa, tenía que proveerles la comida, darles la ropa y cuidar de su familia, mientras que ellos trabajaban en el arado, en la casa y atendiendo a su Señor.

Este es el pacto que yo tengo con el Él, ser un "Doulos" del Espíritu Santo. Trabajo en el arado, trabajo en Su casa y le atiendo a Él, y por esto tengo unos privilegios: Él me da mi casa, me da mi sustento, cuida de mí y de mi familia. ¿Sabías que un "Doulos" podía cenar en la casa de su amo y oír las conversaciones que él tenía? Así es, además, podían entregarle la administración de la casa y de los bienes, pues era de total confianza. "Doulos" era un siervo incondicional.

Ahora, quiero que te preguntes: ¿Tienes una relación con Dios? ¿Es sólo una emoción o una experiencia? ¿Oyes Su voz? ¿Él es tu amigo, tu padre, tu abogado o quizá tu consejero? ¿Eres "Doulos" por amor, siervo de Cristo, porque lo amas con todo tu corazón?

Capítulo 3

LOS VESTIDOS
DE LA IGLESIA

UCHAS VECES EN la vida tenemos victorias, pero que de una u otra forma dejan un sinsabor, conquistamos, pero luego pasa algo que te roba el gozo, victorias parciales. Eso fue lo que nos sucedió a nosotros. El día que Paty y yo nos convertimos al Señor, las personas que habían estado esperando que esto ocurriera, de repente empezaron a perseguirnos. Así que teníamos por un lado el gozo de nuestra salvación y por el otro, estaba la aflicción del menosprecio de quienes creíamos nuestros amigos y el rechazo de nuestra familia. ¿Vencimos? Sí, pero con muchas lágrimas. En el año 1990 empezamos nuestro ministerio y cuando hablábamos acerca de lo que el Señor nos había mostrado o dicho que iba a hacer, otra vez venían el menosprecio y la ofensa, y aunque muchas de esas personas que nos persiguieron hoy están en nuestra iglesia, es preciso reconocer que en aquel momento fue muy doloroso para nosotros.

En cuanto a nuestro ministerio que podemos decirte, después de gastar nuestras fuerzas en muchas estrategias de evangelización, en las cuales compartíamos a los vecinos del edificio donde vivíamos, íbamos puerta a puerta por el barrio, incluso, en una época en Colombia donde hubo un racionamiento eléctrico y todo el país se quedaba sin energía durante varias horas de la noche, aprovechábamos esto para salir a las calles con antorchas cantando coros y mientras predicaba, los jóvenes metían volantes debajo de todas las puertas que encontraban. También visitamos una concurrida plaza de nuestra ciudad, conocida como el parque de Lourdes, en el cual, tres jóvenes de la iglesia vestidos de mimos, hacían una obra de teatro que tenía por nombre "manos", al terminar la representación, tomaba un megáfono y compartía un mensaje que duraba un par de minutos, algunas personas hacían la oración de fe y posteriormente les repartíamos los tratados, orábamos por ellos y los invitábamos a la iglesia.

En otras ocasiones fuimos a los teatros, allí la gente hacía la fila para entrar al cine y como no podían irse pues perderían su lugar; era nuestra ocasión de tener una audiencia cautiva que así no quisiera, tenía que escucharnos. Así que nuevamente con el uso del megáfono comenzábamos a predicar la palabra de Dios, la gente por supuesto se ponía furiosa y nos miraban mal, pero cumplíamos con nuestra misión de predicar a tiempo y fuera de tiempo.

Todo esto lo hacíamos con la finalidad de crecer, necesitábamos y anhelábamos con todo nuestro corazón hacer que la obra que Dios nos había encomendado, aumentara en número. Y lo cierto era que de todo ese arduo trabajo que hicimos, de todas estas brillantes ideas, no quedó ningún fruto. En esa época, en nuestro país se hizo muy famoso un sistema de células traído de un reconocido pastor en Corea del Sur, así que finalmente, hicimos uso de esa "gran estrategia" y con Patty comenzamos a establecer grupos de oración en diferentes hogares.

Una noche, estaba en mi cama y no podía dormir haciendo cálculos de cuántos seríamos con este sistema celular; estaba entrenando 10 líderes y esa noche pensaba: "Si cada uno de ellos consigue 10 más, entonces seríamos 100 y luego 1000, pero ¿Qué tal no puedan conseguir cada uno 10 y consigan solamente 8? No estaría mal, pues serían 80 y luego 640". En mi mente solo veía números y más números. Transcurría la noche y seguía dando vueltas en la cama, haciendo cuentas en mi cabeza y pensando: "Este sí puede conseguir los 10, pero este tal vez solo 5 y este otro de pronto 7", y luego de analizar sus capacidades, seguía subiendo y bajando en números. De repente, miré mi reloj y había transcurrido mucho tiempo, así que arrodillado, oré a Dios y le dije: "Señor, ya casi tengo que levantarme y no puedo dormir; ayúdame a conciliar el sueño", y fue en ese momento, cuando vino la voz clara del Espíritu Santo diciéndome: "No busques números, trae Mi presencia a la iglesia".

Esta fue la llave que Dios me dio, y con la cual pasamos de tener victorias parciales y a medias, a tener victoria total. Primero ocurrió en mi lugar de oración, luego en mi casa, y finalmente, el 28 de febrero de 1993, me lancé a contar a la Iglesia mi experiencia y les hablé acerca de mi amigo el Espíritu Santo; estaba tratando de decirles que era más que una teología, era una realidad, cuando de repente, el Espíritu Santo entró en el lugar y todos empezamos a llorar, pues sabíamos que Él estaba allí. Los pocos músicos que teníamos, cayeron al piso llorando. ¡Era la gloria de Dios en ese lugar!

Al tiempo, una mujer muy bien presentada entró llorando a la iglesia, llevaba sus zapatos en la mano y caminaba con cuidado mientras avanzaba dentro de la iglesia, se veía realmente afectada. De repente, cayó de rodillas y luego ella nos contó que una cuadra atrás el Señor la guio a entrar a la iglesia y que cuando fue a entrar, la misma voz le dijo: "Quítate los zapatos, porque estás en un lugar santo".

Era tan grande lo que comenzó a ocurrir, que era difícil de explicarlo, era difícil organizar el mensaje. El papel en que escribí las notas esa primera vez, se ajó de tanto que lo usaba para volver a contar lo que pasaba. Cada vez que iba a una ciudad o tenía ocasión de compartir a una iglesia a la que nos invitaban, sacaba mis notas y el papel se iba deteriorando hasta que se partió la hoja en dos partes. Hoy, nuestro hijo Juan Sebastián tiene ese sencillo papel guardado entre dos vidrios para que no se destruya, pues, aunque es simplemente un papel, representa lo que Dios nos enseñó.

Recuerdan que les mencionamos que íbamos a predicar a los parques de la ciudad, bueno pues inclusive los ladrones llegaban a escuchar y no era por el mensaje, era por la gloria de Dios que literalmente caía mientras estábamos allí. Ellos, entregaban sus cuchillos con los que iban a hacer daño a alguien más y entregaban los billetes falsos con que pretendían engañar a otras personas; los policías también estaban muy quebrantados y lloraban, pues estaban siendo convencidos de pecado por el poder de Dios.

Hubo un cambio total en la iglesia y no ocurrió de manera gradual sino súbita, fue realmente impactante para nuestras vidas. Antes de que el Espíritu Santo viniera a la iglesia, teníamos que forzar a las personas para que vinieran, incluso, nos parábamos en la puerta a esperarlos para poder dar inicio al servicio, el cual, se retrasaba hasta media hora, mientras llegaban. Hoy ocurre todo lo contrario, empezamos nuestro servicio cinco minutos antes de lo establecido, porque las personas llevan tres y hasta cuatro horas haciendo filas para entrar a la iglesia, este es el tipo de cambio que el Señor ha hecho en la iglesia. ¡Esto es victoria total para un ministerio!

En aquellos días, nos hacían preguntas acerca de nuestra línea doctrinal de la fe, unos preguntaban si éramos fundamentalistas, carismáticos o luteranos. Ahora, ya no nos preguntan, sino que a la iglesia llegan luteranos, metodistas, bautistas, pentecostales y carismáticos. ¿La razón? ¡Dios está en este lugar! Con certeza podemos decirles, que no fueron las actividades o el uso de un nuevo y efectivo método, fue la presencia del Espíritu Santo la que trajo este gran avivamiento que revolucionó todo a nuestro alrededor.

Vamos a leer un poco acerca de la vida de David. Él no inició su vida con las grandes victorias que conocemos, como cuando venció a Goliat; si leemos 1 Samuel 16, veremos cómo el día que el profeta Samuel vino a Belén enviado por Dios para ungir al siguiente rey de la nación, citó a los ancianos y a Isaí con sus hijos; iban a tener un sacrificio y esto constituía una fiesta espiritual. Aunque a esta invitación Isaí debía atender con todos sus hijos, faltó David. El profeta Samuel empezó a llamar uno por uno a los hijos de Isaí, en busca del que sería el próximo rey de Israel. Pero una vez que pasaron todos, el profeta supo de parte de Dios que no era ninguno de ellos el que debía ser ungido como rey así que se vuelve a Isaí y le pregunta: ¿No tiene más hijos?, a lo que responde: "Queda aún el menor, que apacienta las ovejas" (1 Samuel 16:11). Así que el profeta manda llamar a David y cuando llega, el Señor le confirma que es él, así que lo unge como rey sobre Israel. En este pasaje, es claro el menosprecio que había hacia David, y aunque en su familia no era valorado como sus hermanos, aun así, Dios lo escogió.

Avanzando un poco más, veremos la guerra que tuvo el pueblo de Israel contra los filisteos, David fue al campo de batalla enviado por su padre a llevar comida a sus hermanos, estando allí, oye como Goliat amenazaba al pueblo de Israel y los tenía intimidados. En medio de esta situación, aparece el hermano mayor de David, quien estaba furioso con él por haber ido al campo de guerra, en lugar de estar con las ovejas en el desierto. Este hermano acusa a David de soberbio y de malicioso y le dice que la única razón por la que está en ese lugar es para ver la guerra, en otras palabras, se seguía mostrando el menosprecio que había por David.

Pero para sorpresa de todos, ese mismo día, David vence al gigante y se empieza a pregonar por toda la nación el refrán: ¡Saúl mató a sus miles y David a sus diez miles! Después de una victoria como esta, creeríamos que la situación de David cambiaría, pero, aun así, no tenía favor delante del rey. Más adelante, cuando muere el rey Saúl, David contaba con las tribus de Judá y Benjamín, pero con las otras 10 tribus de Israel, no tenía este mismo favor.

Hasta aquí, ¿qué podemos decir? Vemos la vida de David llena de sin sabores y victorias parciales. Si pensamos en la magnitud de lo que implicaba ser ungido de Jehová, ese sería más que un motivo de fiesta y alegría para la familia, pero no era así. Derrotar al gigante que atormentaba y escarnecía al pueblo, era una buena razón para que el rey estuviera agradecido, pero tampoco fue así. Igual ocurrió después de ganar muchas batallas, sólo una tribu estuvo de parte de David. Por todo esto, es que podemos decir que las victorias de David, eran a medias.

Ya como rey, David en su pasión por el Señor, convence

a los ancianos para traer el Arca de Dios a su ciudad, pero durante el viaje ocurre una tragedia y muere Uza, así que David siente temor de Dios y decide dejar el Arca de Dios en casa de Obed-edom. No pasó mucho tiempo, cuando se empezaron a oír noticias de cómo Dios había prosperado todo en la vida de Obed-edom, así que al saberlo David, entendió que tal bendición era por causa del Arca de Dios, por eso, decide llevarla a su casa, sin imaginar la magnitud de lo que iba a pasar, pues esta decisión agradó tanto a Dios, que le hizo una gran promesa: "Y será afirmada tu casa y tu reino para siempre delante de tu rostro, y tu trono será estable eternamente" (2 Samuel 7:16).

A partir de este momento, las victorias de David ya no eran parciales: logra subyugar a los filisteos, quienes por más de 40 años habían tenido sometido a Israel, pone guarniciones en la tierra de los filisteos, sirios, edomitas, amonitas, moabitas y amalecitas, vinieron a él riquezas de las naciones, y su fama se extendió por todo el territorio. "Y Jehová dio la victoria a David por dondequiera que fue" (2 Samuel 8:14b). A eso le llamamos: ¡Victoria total!

¿Sabías que, como iglesia de Dios, podemos colocar sobre nuestras vidas unas vestiduras, y que de dependiendo de éstas, garantizaremos o no nuestra victoria total? Pues bien, la presencia de Dios en una iglesia es su cobertura, su vestido. "Ay de los hijos que se apartan, dice Jehová, para tomar consejo, y no de mí; para cobijarse con cubierta, y no de mi espíritu, añadiendo pecado a pecado" (Isaías 30:1), también podemos ver el pasaje en Isaías 52:1a que dice: "Despierta, despierta, vístete de poder, oh Sion; vístete tu ropa hermosa, oh Jerusalén, ciudad santa". El poder es un vestido de la iglesia, pero también es una promesa: "pero recibiréis poder, cuando haya venido sobre vosotros el Espíritu Santo, y me seréis testigos en Jerusalén, en toda Judea, en Samaria, y hasta lo último de la tierra" (Hechos 1:8). Esa fue precisamente la vestidura que pusimos sobre nuestras vidas y congregación, y la promesa de la cual nos aferramos: "El poder de Dios".

Tiempo después, fuimos invitados a ministrar a una ciudad colombiana llamada Manizales, en medio del servicio se dieron palabras de conocimiento y muchos vinieron al frente, cuando de repente una mujer comenzó a gritar, porque su hijo que era sordo de nacimiento había sido sanado. Al día siguiente fuimos a Pereira, otra hermosa ciudad en nuestro país, y estando allí, en plena ministración, los pastores de la ciudad empezaron a caer bajo el poder de Dios. De ahí en adelante, milagros y señales como estas siguieron ocurriendo en otras ciudades a las que nos invitaban a ministrar, tanto en Colombia como en otras naciones. ¿Por qué ocurrió esto? De algo estamos seguros y es que no fue por nuestra astucia y gran esfuerzo, todo esto ocurrió únicamente cuando trajimos la presencia de Dios a nuestra iglesia y nos convertimos en adictos a Su Espíritu, sólo a partir de ese momento tuvimos: ¡Victoria total!

Quienes llegan hoy a la iglesia que Dios nos ha dado, encuentran una iglesia parecida a la del Nuevo Testamento, pero no fue lo que yo viví cuando empecé mi vida cristiana pues para entonces, la iglesia giraba en torno a actividades, estrategias y métodos. Ahora entiendo que Dios me habló claro acerca de números, porque en ese tiempo las relaciones pastorales dependían de las cifras, de la cantidad de personas que asistían a la iglesia; las conversaciones empezaban con un saludo y enseguida se hacía la pregunta clave: ¿Cuántas personas se congregan en tu iglesia?

Y dependiendo del número que dieras, se determinaba la duración de la conversación, por ejemplo, si a tu iglesia iban menos de 100 personas, la charla no duraba más de cinco minutos, pero si el número que dabas era mayor a quinientos, entonces eras un mega pastor y la conversación se extendía; en otras palabras, el corazón de los pastores se afectaba por los números.

Cada vez que menciono esta situación en algún lugar del continente o inclusive cuando lo he hecho fuera de él, los pastores se ríen porque saben que es verdad lo que digo, esto les ocurre a todos, es una presión espiritual por los resultados, pero Dios no nos ha llamado a dar este tipo de resultados, el llamado que Él nos ha hecho, es a servirlo y a hacer Su voluntad, pero si traes Su gloria a tu vida, a tu familia e iglesia, entonces yo te puedo asegurar que irás de victoria en victoria y de gloria en gloria.

Cuando Dios creó al primer hombre le dio poder para prosperar y para gobernar, y Él mismo se paseaba con el hombre por el Edén. Pero al pecar, Adán y Eva perdieron su vestidura y por eso buscaron cubrirse para ocultar su desnudez. Es lo mismo que pasa hoy en día, cuando un hombre cae y pierde la unción, hace lo mismo que ellos dos, se cubre con hojas de higuera. Este es el caso de Saúl, cuando perdió la unción, usó un manto de autocompasión, justificándose y culpando a David, además se quejaba constantemente diciendo que todos lo habían traicionado, manipulando así a las personas para que permanecieran a su lado.

Otro claro ejemplo, lo vemos en Israel en los tiempos del Señor, ellos habían perdido Su gloria, es decir, sus vestiduras, razón por la cual se cubrieron de tradiciones, tal como los llamó el mismo Señor Jesús: "Sepulcros blanqueados". Cuando conocí al Señor, la cobertura que se usaba era el legalismo. Pues al perder la unción, lo que muchos hacen es cubrirse de apariencia religiosa, critican a las mujeres que se maquillan o se cortan el pelo, critican el vestuario, usan un lenguaje religioso, critican los milagros y todo cuanto se les ocurre, sin darse cuenta que en realidad han perdido la bendición de Dios y en su lugar se visten de religión para justificarse.

Por eso, hay algo que te debe quedar claro al momento de leer estas líneas, y es que ¡Dios quiere bendecir a Su pueblo en todo! Así como lo hizo con Obed-edom, con David y como lo ha hecho con nosotros, Él lo quiere hacer también contigo. Ahora, el común denominador para ver la bendición en todos estos casos, no es otro que la presencia de Dios en medio nuestro. Así que en este punto, queremos que te hagas las siguientes preguntas y reflexiones sobre ello: ¿Dónde está la presencia de Dios? ¿Dónde dejaste Su gloria? ¿Qué vestidura tienes sobre ti?

Quizá al pensar sobre esto, te des cuenta que nunca has tenido estas vestiduras o que las has perdido, si es así, esta palabra es para ti: "Despierta, despierta, vístete de poder, oh Sion; vístete tu ropa hermosa, oh Jerusalén, ciudad santa" (Isaías 52:1a).

No importa lo que haya pasado en tu vida hasta este momento, es tiempo de que te despojes de todo eso y aproveches esta nueva oportunidad que Dios te está dando, para que te vistas con Su presencia, con Su poder y con Sus ropas hermosas. Deja ya de andar por ahí cubriendo tu desnudez con hojas de higuera, levántate y trae el Arca de Dios a tu casa, Él te promete que volverá a pasearse contigo, así como lo hizo en el Edén. ¡Recupera la presencia de Dios!

Capítulo 4

FUEGO QUE
TE CONSUME

AY UNA PREGUNTA que nos han hecho muchas veces y es: ¿Cómo fue su llamamiento? Y la gente lo que espera es que le digamos lo que el Señor nos dijo, y sí claro que lo hizo, Él nos habló, nos dio una visión y un sueño, pero no fue eso lo que podríamos describir como nuestro llamamiento.

A lo largo de todos estos años de ministerio, sabemos con toda sinceridad que muchos hubieran ido atrás y no hubieran perseverado, pues nuestro inicio fue pequeño y muy difícil; sufrimos rechazo, difamación, ataques, vimos las puertas cerradas y bueno, no nos dimos por vencidos ante las circunstancias y no gracias a nuestra fortaleza; sino porque dentro de nosotros había un fuego que nos consumía, literalmente nos comía, y ay de nosotros si no hubiéramos hablado, sino hubiéramos ido, pues es un fuego ardiente que no podemos resistir.

El llamado no fue la visión donde el Señor nos envió y nos mostró lo que Él iba a hacer, tampoco el sueño ni la palabra que nos dio, el llamado que Dios nos hizo, fue un fuego de Dios metido en nuestro interior que hasta la fecha nos consume y nos quema por dentro.

29

Toda persona que tiene un llamamiento de parte de Dios, tiene al Espíritu Santo dentro de ellos moviendo su corazón, tienen un fuego que los consume; es por eso, que no podemos entender que alguien se retire del ministerio o que a la mitad del camino diga que se va a dedicar a los negocios, bueno, a menos que nunca hubiera sido llamado. Jeremías quería hacerlo, se iba a devolver a su tierra y no quería saber más de su ministerio profético, pero dentro de él había un fuego que lo consumía, que lo comía por dentro y no podía huir de él. Este fuego es lo que nosotros llamamos "avivamiento".

Avivamiento no es una iglesia grande, una iglesia en la que cantan bien, ni tampoco las manifestaciones del Espíritu Santo. Los pastores de las naciones vienen, copian todo y lo hacen igual, otros bajan los sermones y los predican, pero eso no es, avivamiento es un fuego que te quema y que te consume por dentro. Por eso, si dentro de ti está ese fuego que hace que le hables a todos a tu alrededor de Jesús, que hace que vayas a la iglesia servicio tras servicio y quieras estar involucrado en todo lo que allí se hace, si arde dentro de ti el deseo de servirle, entonces, estás avivado, dentro de ti está el fuego de Dios.

Alguna vez te has preguntado, ¿qué pasó con Moisés dentro de esa zarza, que hizo que él cambiara su rumbo? ¿Qué lo impactó, al punto que no midió que ahora era un anciano de ochenta años de edad y tomó la decisión de volver a Egipto a terminar lo que había comenzado cuarenta años atrás?

A la edad de cuarenta años, Moisés supo en su espíritu que tenía un llamamiento. Aunque él había sido criado como hijo de la hija de faraón, él sabía que era hebreo y que pertenecía a la descendencia de Jacob, así que cierto día salió a sus hermanos y al ver como un egipcio maltrataba a un israelita, quiso hacer liberación y justicia por su propia mano y lo asesinó. Cuando faraón supo lo sucedido, lo buscó para matarlo, por lo cual, Moisés tuvo que huir al desierto de Madián y allí estuvo pastoreando las ovejas de su suegro en el desierto por cuarenta años.

Cuando era ya de ochenta años de edad, Moisés había perdido ese fuego que había en su corazón cuando mató al egipcio; por causa de la persecución y el paso del tiempo olvidó su llamamiento y abrazó otra labor. Pero un día, se encontraba en el desierto en el Monte de Horeb pastoreando las ovejas, cuando de repente vio frente de él una zarza, que es una especie de arbusto muy común en zonas desérticas, pero esta tenía algo particular, algo que cautivó por completo su atención, y era que estaba ardiendo en llamas, y esto no era lo maravilloso, sino que aun en medio del desierto y en medio de esas llamas, esta zarza no se consumía, sino que seguía ardiendo cada vez más, y al acercarse, Dios le habló. Saliendo de allí, al regresar a su suegro y a su esposa, llega con la noticia de que tenía que volver a Egipto.

Algo comenzó en la vida de Moisés en aquella zarza, que hizo que cambiara su rumbo y decidiera regresar. Cabe resaltar que este Moisés iba de vuelta a Egipto, no era el de antes con su fuerza y vigor, sino que ahora era un anciano, pero algo había cambiado dentro de él. En la zarza él se encontró con un fuego, pero no cualquiera, era el fuego de Dios, el "esh" de Dios, un fuego abrasador que lo hizo enfrentar a faraón y sus ejércitos como viendo al invisible, se sostuvo firme y vio como Dios sacaba a toda su nación de la esclavitud.

Leamos el siguiente pasaje: "Y la apariencia de la gloria de Jehová era como un fuego abrasador en la cumbre del monte, a los ojos de los hijos de Israel" (Éxodo 24:17), queremos hacer un especial énfasis en "fuego abrasador", es una palabra hebrea "akal", que significa: fuego que te consume, fuego que te come por dentro. Así que una buena traducción de este pasaje sería que "La gloria de Jehová es como un fuego que te consume". Esto es lo que le pasó a Moisés luego de que se encontró con la zarza, tenía en su interior un fuego que lo comía, que lo consumía y no lo podía resistir.

Cuando ese fuego de Dios está dentro de ti, no importa tu edad, ni tu condición física, si eres tartamudo o si te consideras un niño, tampoco importa lo que vean los otros; lo único que realmente interesa es que ese fuego te consume y no puedes así quieras, resistirlo. Tal vez, has hecho un buen trabajo por la obra de Cristo, una labor intensa, y no has desmayado, pero como Moisés, es necesario que corras a la zarza.

Después de la división del reino, para Israel vino un rey perverso, Acab. A causa de su maldad, Dios suspende la lluvia de la nación, la cual representa la bendición, y fue así por un período de 3 años. Luego de este tiempo, Dios envía al profeta Elías para hablar con el pueblo y cuando los reúne los confronta acerca de Dios, pero ellos estaban tan confundidos y cegados en su idolatría que ya no sabían quién era Dios, si era Baal el dios de los sidonios o si era Jehová el Dios que les habían enseñado sus padres.

Entonces, Elías hace una confrontación contra el paganismo y el politeísmo, y les dice a ellos: "Pongan un sacrificio y yo pondré el mío, y el Dios que responda con el 'esh' de Dios, ese sea nuestro Dios, el Dios que responda con fuego, que ese sea Dios". Y la Biblia dice que vino fuego de Jehová, no dice fuego del cielo o fuego de la tierra, sino que vino el "esh" de Jehová y el pueblo se postró y comenzó a adorarlo. Este fuego causó que todo un pueblo se volviera al único y verdadero Dios, a Jehová.

Otro claro ejemplo de lo que puede causar el fuego de Dios en la vida de una persona, lo vemos en Isaías, quien cuenta en el capítulo 6 de su libro, que en el año en que murió el rey Uzías, tuvo una visión: Era Dios mismo sentado en Su trono, Sus faldas llenaban el templo y alrededor de Él estaban los querubines y serafines; también describe cómo el lugar temblaba y se movía hasta los cimientos. Él estaba viendo la gloria de Dios. Y es en ese momento cuando él dice:

"¡Ay de mí! que soy muerto; porque siendo hombre inmundo de labios, y habitando en medio de pueblo que tiene labios inmundos, han visto mis ojos al Rey, Jehová de los ejércitos. Y voló hacia mí uno de los serafines, teniendo en su mano un carbón encendido, tomado del altar con unas tenazas; y tocando con él sobre mi boca, dijo: "He aquí que esto tocó tus labios, y es quitada tu culpa, y limpio tu pecado. Después oí la voz del Señor, que decía: ¿A quién enviaré, y quién irá por nosotros? Entonces respondí yo: Heme aquí, envíame a mí" (Isaías 6:5–8). A causa del carbón encendido que tocó su boca, de ese "esh" de Dios, Isaías pasó de ser un hombre amedrentado y temeroso a decirle al Señor: "Heme aquí, envíame a mí" (Isaías 6:8).

Pasemos ahora al profeta Jeremías, él era considerado el profeta llorón; todas sus profecías eran rechazadas, pero todas se cumplieron; venían a él para consultar la voluntad de Dios, pero no le creían. Sus profecías le costaron ir a la cárcel, intentaron matarlo, estuvo en el pozo profundo, fue rechazado y siempre estaba bajo difamación. Así que, a causa de esto, él no quería hablar más de parte de Dios, porque siempre que lo hacía, algo malo le pasaba; pero por más que quiso, no pudo hacerlo, porque por dentro tenía un fuego que lo consumía: "Y dije: No me acordaré más de él, ni hablaré más en su nombre; no obstante, había en mi corazón como un fuego ardiente metido en mis huesos; traté de sufrirlo, y no pude" (Jeremías 20:9).

Este fuego del que te hemos estado hablando en este capítulo, ese "esh" de Dios, no es un fuego como el que conocemos, es un fuego que hace el llamado a los hombres, que aviva a los profetas, es algo que arde dentro de ti cuando lees las escrituras o cuando oras. Ese "esh" es una persona y es el Espíritu Santo de Dios. Él es la persona más maravillosa; y es quien ha hecho todo cuanto vemos acá en el avivamiento. Esto no es obra de hombre, no lo hizo una pareja o un grupo de ministros, tampoco una orquesta, ni un coro. Todo esto lo ha hecho y lo sigue haciendo el Espíritu del Dios vivo, Él es el que se sienta junto a Sus ministros, les enseña, les instruye y les dice cómo hacer la obra, Él y sólo Él es el pastor de este avivamiento y es nuestro mejor amigo.

Ahora, hay algo que debes saber y tener muy presente, y es que ese fuego de Dios se puede apagar, y entre las causas que lo apagan están el dedicarse a otras labores diferentes a las que Dios nos ha llamado, el arduo trabajo, la murmuración y la incredulidad.

Hemos leído acerca de avivamientos que se han apagado, hemos hablado con los protagonistas e incluso hemos podido ser testigos oculares de esto, y lo que hemos analizado es que cuando cambias la gloria de Dios por un método de trabajo y dejas de lado el fuego, éste se apaga. Algunos lo olvidaron porque consideraron que era la parte emocional del servicio y decidieron humanamente "poner orden" en la iglesia y lo único que consiguieron fue apagar el fuego.

En otras ocasiones hemos visto cómo se desvían tras intereses políticos, dedicándose a cosas a las que Dios no los ha llamado, y hablo de nosotros como pastores, porque los he visto, tuvieron el fuego, pero poco a poco lo fueron cambiando por un fuego extraño, ahora hablan con fuego, pero inspirado por una pasión política, ya no tienen el "esh" de Dios.

En Hechos 6, vemos que la Iglesia tenía muchísimo trabajo, al punto que se cometían injusticias. A las viudas de los judíos que se habían criado como griegos, les daban una ración menor que a las viudas de los que habían conservado sus raíces hebreas. Entonces hubo una discusión al respecto, y Pedro y los apóstoles tomaron una decisión sabia: Nombrar siete personas de buen testimonio que se encargaran de atender las mesas, para ahora ellos poder dedicarse a la oración y a la palabra de Dios, porque de seguir así, ellos iban a perder el fuego.

Pasando al siguiente punto, queremos hacerte una pregunta: ¿Sabías que Dios conoce todos tus pensamientos y lo que hablas hasta en tu cámara más secreta? Pues bueno, si tú, así sea en lo más íntimo, en las conversaciones con tu pareja, das lugar a la murmuración y hablas contra los hombres de Dios, el fuego se va a extinguir. Tampoco debes rodearte de personas que te roban la fe, ni permitir que vengan a tu vida palabras de incredulidad, frases de esas personas que siempre están resistiendo al Espíritu y lo critican todo, porque si tú los escuchas, entonces, te matarán el fuego.

Hay una advertencia más que queremos hacerte y es la misma que el apóstol Pablo le hizo a Timoteo: "Por lo cual te aconsejo que avives el fuego del don de Dios que está en ti por la imposición de mis manos" (2 Timoteo 1:6). Pablo se acordaba cuando Timoteo había estado bajo la unción, así como Pablo, nosotros los hemos visto a muchos de ustedes tocados por el poder de Dios, por eso, nuestro consejo para ti es que renueves ese fuego, que lo avives.

Si hoy sientes que ese fuego se está apagando, es tiempo de recuperarlo. Toma hoy la decisión de volver a encenderlo, recuerda que ese pábilo que humea, puede volverse a encender. "Ni apagará el pábilo que humeare" (Isaías 42:3b).

En este punto, hay tres cosas que puedes hacer para encender de nuevo ese fuego, la primera es buscar a Dios. En Amós 5:4, el Señor nos dice: "Buscadme, y viviréis". Esa palabra "viviréis" quiere decir que serás avivado, que volverás a la vida. ¿Crees que es una experiencia? No. Se trata de una persona como te lo dijimos, este fuego es el Espíritu Santo, así que si hoy decides volverte a Él, como Moisés acercarte a la zarza y buscarlo con todo tu corazón, ese fuego en tu interior se volverá a encender.

Leamos ahora la oración que hizo el profeta Habacuc: "Oh Jehová, he oído tu palabra, y temí. Oh Jehová, aviva tu obra en medio de los tiempos, en medio de los tiempos hazla conocer; en la ira acuérdate de la misericordia. Dios vendrá de Temán, y el Santo desde el monte de Parán. Su gloria cubrió los cielos, y la tierra se llenó de su alabanza. Y el resplandor fue como la luz; rayos brillantes salían de su mano, y allí estaba escondido su poder" (Habacuc 3:2–4). Él lo único que pidió fue que Dios lo avivara y regresó con el fuego de Dios. Así que decide con determinación buscarlo a partir de hoy y Él avivará la llama. Pídelo y Él vendrá con Su fuego.

Cuando Esdras leía las escrituras y les ponía sentido, registra la Biblia que la gente lloraba, a causa del "esh" de Dios en el corazón de ellos: "Y leían en el libro de la ley de Dios claramente, y ponían el sentido, de modo que entendiesen la lectura. Y Nehemías el gobernador, y el sacerdote Esdras, escriba, y los levitas que hacían entender al pueblo, dijeron a todo el pueblo: Día santo es a Jehová nuestro Dios; no os entristezcáis, ni lloréis; porque todo el pueblo lloraba oyendo las palabras de la ley" (Nehemías 8:8-9). Mira lo que dice la Biblia: ¿No es mi palabra como fuego, dice Jehová, y como martillo que quebranta la piedra? (Jeremías 23:29). Es claro lo que debes hacer, ve a Su palabra, escudríñala, y entonces, en tu corazón volverá a arder el fuego.

El "esh" de Dios, es un fuego que está disponible para ti, así que cuando lo busques, lo pidas, vayas a las escrituras y sientas que ese fuego se está avivando, comienza a adorar a Dios, pues con tu adoración harás que ese fuego siga ardiendo en tu interior. "Antes bien sed llenos del Espíritu, hablando entre vosotros con salmos, con himnos y cánticos espirituales, cantando y alabando al Señor en vuestros corazones" (Efesios 5:18b-19).

Queremos que tengas algo muy claro, tú no estás en este mundo por casualidad, Dios te puso aquí, ahora, en este momento específico de la historia de la humanidad con un propósito. Él tiene para ti planes de vida eterna, así que apaga las emociones y ¡aviva la llama del fuego de Dios que está en ti!

Capítulo 5

LLEVADOS POR
EL ESPÍRITU

E N EL AÑO 1992, nuestra iglesia tenía unas 45 personas que se congregaban permanentemente. Ese año, fuimos a Nueva York para abrir una obra, pues en esa ciudad teníamos algunos amigos que considerábamos que nos podían ayudar a empezar, pero no sabemos qué ocurrió entre la última vez que los vimos y ese día en que regresamos, en todo caso, nadie quiso ayudarnos. ¿Se pueden imaginar cómo nos sentimos? En derrota, pues todo era un caos. Al Salir de Colombia habíamos vendido los muebles y todos los enseres de nuestra casa, ya que nuestro plan era mudarnos a otro país y no podíamos llevar todo esto con nosotros. Por fin llegó el día, nos fuimos a Nueva York para abrir una sede de nuestra pequeña iglesia en Bogotá, pero para nuestra sorpresa, todas las puertas estaban más que cerradas, así que no fue posible. En vista de nuestro fracaso en esta ciudad, tomamos la decisión de ir a Miami e intentarlo allí, pero tampoco funcionó. Fue uno de los peores momentos en nuestras vidas, estábamos tan frustrados y derrotados como nunca antes. Pero precisamente fue allí, cuando vino la voz clara de Dios a nosotros y nos dijo que regresáramos a Bogotá. Obedecimos, regresamos a nuestro país y comenzamos una búsqueda incansable del Espíritu Santo. En el año 1993 Él nos visitó y absolutamente todo en nuestra vida, familia e iglesia fue revolucionado.

El local en el que funcionaba la iglesia en ese entonces, era pequeño, pero allí tenía una oficina de unos pocos metros cuadrados en el segundo piso; me encontraba orando en este lugar, cuando el Espíritu Santo me habló diciendo: "Vuelve a Nueva York". De inmediato pensé: ¿Nueva York, con todo lo que nos pasó?, lo que menos quería era regresar allí, así que le contesté al Señor: "¡No! A esa ciudad no voy". Esta ha sido la única vez en mi vida, en la que he dicho: "No", cuando Él me pide que haga algo, y espero nunca volver a responderle así.

Después de ese momento en que el Señor me habló, bajé a la reunión y de repente una de las pastoras del Ministerio fue tomada por el Espíritu y empezó a profetizar sobre mi vida diciendo: "Pastor, el Señor te dice: ¡Ve a Nueva York!", mi reacción inmediata fue argumentar que no tenía dinero para hacer el viaje, ni tampoco a dónde llegar. Entonces, se acercó una ovejita de la iglesia, la cual hoy en día se congrega en nuestra sede en Nueva York, y me dijo: "Pastor, el Señor me dijo que le diera este pasaje para que vaya a Nueva York", pasaron apenas unos minutos, cuando recibí una llamada de una familia de Medellín diciendo: "Pastor, recuerda a mis familiares que viven en Nueva York, ellos lo están esperando". Todo esto sucedió, sin que ninguno de ellos tuviera idea alguna de lo que Dios me había hablado algunas horas antes en mi oficina, nadie lo sabía.

Después de todo esto, viajé a Nueva York, pero hice una escala en Miami; en realidad yo no quería ir, por lo que en estos dos días en Miami otra vez el Señor me dijo: ¡Ve a Nueva York! Así que finalmente fui, y tal como me lo había anunciado la familia que ofreció recibirme, me estaban esperando; ellos tenían un grupo de oración y me pidieron que compartiera la palabra con ellos y orara, así lo hice, y ese día el Señor sanó de cáncer a una de las personas que estaba allí, la cual resultó ser familiar de un pastor de la ciudad. Le contaron a él lo que había ocurrido y entonces fuimos invitados a su iglesia a predicar, esto abrió la puerta para ir a predicar a otra iglesia y luego a otra, incluso, me dieron la oportunidad de hablar en la radio; así ocurrió durante los siguientes 18 días. Ministraba en diferentes iglesias, hasta tres servicios diarios llenos de la gloria y la bendición de Dios. Después de esto, regresé a Colombia, pero con un panorama muy distinto al de la vez pasada, pues en esta ocasión, venía cargado de testimonios de toda clase: sanidad, provisión y salvación, además de muchísimos regalos que traje para mi familia, pues la gente me bendecía en todos los lugares a los que iba. Fue entonces, cuando entendí lo que es ser llevado por el Espíritu.

A lo largo de nuestra vida, en ocasiones atravesamos momentos de gran aflicción, dolor o desilusión. Si esto es lo que está sucediendo en tu vida, acabas de tener una derrota o simplemente no ves salida para tu situación, debes saber que una aflicción no es una derrota, porque Él nos lleva siempre en triunfo. "Mas a Dios gracias, el cual nos lleva siempre en triunfo en Cristo Jesús, y por medio de nosotros manifiesta en todo lugar el olor de su conocimiento" (2 Corintios 2:14).

Ahora bien, en el evangelio de Juan el Señor nos dice: "El viento sopla de donde quiere, y oyes su sonido; mas ni sabes de dónde viene, ni a dónde va; así es todo aquel que es nacido del Espíritu" (Juan 3:8). Al hablar del viento del Espíritu, investigando encontramos que el origen de la palabra está en el griego "Pneuma" y en el hebreo "Ruaj". Este aliento de Dios en la Biblia, haciendo referencia al Espíritu Santo. Entonces, cuando el aliento de Dios es el que te guía, cuando eres llevado por Su Espíritu, es entonces cuando irás de triunfo en triunfo y dejarás en todo lugar el olor de Su conocimiento. Por eso, no podemos ser llevados por la razón o por los sentimientos, necesitamos ser llevados por el Espíritu, ¡No puede ser de otra forma!

Jesús vino a esta tierra, murió y resucitó para librarnos del pecado, pero una vez que completó su tarea aquí, subió al cielo y se sentó a la diestra del Padre, pero no nos dejó solos, con nosotros dejó al Espíritu Santo, así que la iglesia debe estar bajo Su autoridad, pues Él sabe cómo llevarla en triunfo. En este capítulo haremos un recorrido por el Libro de Hechos de los Apóstoles, pues allí se narra el nacimiento de la Iglesia de Jesucristo y desde el primer capítulo, se percibe el aliento del Espíritu Santo: "En el primer tratado, oh Teófilo, hablé acerca de todas las cosas que Jesús comenzó a hacer y a enseñar, hasta el día en que fue recibido arriba, después de haber dado mandamientos por el Espíritu Santo a los apóstoles que había escogido" (Hechos 1:1–2). Lo que vemos aquí, es que la Iglesia es guiada por el Espíritu Santo, está atenta a recibir los mandatos y consejos de parte de Él.

Por eso, si te encuentras en un callejón sin salida, si ves el panorama entenebrecido y en tu vida hay aflicción, es tiempo de que tomes una decisión y te dejes guiar por el Espíritu Santo, pues sólo Él, podrá llevarte de triunfo en triunfo. Al leer la Palabra de Dios, adquirirás mucho conocimiento, "logos", pero el Espíritu Santo es el que lleva el aliento de Dios, impulsa la Palabra y entonces te transformará. Si el Espíritu sopla sobre el "logos", entonces este se volverá un "rhema", es decir, una palabra para ti, revelada por Dios mismo.

A continuación, queremos relatarles un testimonio muy gracioso de uno de nuestros amigos, el pastor Fernando Sosa. Él nos contó que recibió el bautismo del Espíritu Santo, en un momento en el que en la línea denominacional en la que él creció, no se hablaba en lenguas. Al ocurrir esto, él necesitaba decirle a alguien lo que le había pasado, así que llamó a Esther, quien en ese momento era su novia y actualmente su esposa. Él la citó para contarle lo sucedido (no sabemos cómo ella se casó con él después de lo que ocurrió ese día). Fernando la recogió en su carro y la llevó a una calle donde no había nadie y le dijo: "Esther, el Espíritu Santo me dio algo", ella intrigada por lo que le acababa de decir le preguntó: "¿Qué fue lo que el Espíritu te dio?". De repente, este hombre se pone en frente de ella y empieza a orar en lenguas en un tono alto, con toda la fuerza que tenía y además ¡no paraba! Esther no entendía nada de lo que Fernando estaba diciendo, pues eran sonidos incomprensibles, "algo" que ella nunca había oído. La pobre Esther se quedó paralizada y mirándolo sin parpadear, el susto para ella fue terrible, pero después de unos minutos de oírlo, entendió por el Espíritu que así como Fernando no sabía qué era lo que pasaba, ella tampoco lo comprendía, pero los dos sabían que ese nuevo lenguaje venía de Dios. Ahora entienden por qué les decimos que no sabemos cómo Esther se casó con Fernando después de semejante susto.

Pues bueno, esto fue precisamente lo que le ocurrió a la Iglesia primitiva cuando el Espíritu Santo vino sobre ellos: ¡Su lenguaje cambió! "Y fueron todos llenos del Espíritu Santo, y comenzaron a hablar en otras lenguas, según el Espíritu les daba que hablasen" (Hechos 2:4). Si eres una persona llevada por el Espíritu, tendrás un nuevo lenguaje, uno celestial; hablarás, orarás y cantarás en el Espíritu.

En el capítulo tres del Libro de los Hechos de los Apóstoles, dice que había un paralítico que llevaba muchos años pidiendo limosna a la entrada del templo, pero un día pasaron los discípulos por allí, y al verlo, le dijeron: ¡Míranos! Te has preguntado alguna vez ¿Por qué le dijeron esto? Porque cuando eres llevado por el Espíritu Santo, no sólo cambia tu lenguaje, sino que tienes un nuevo aspecto, tu apariencia cambia y no eres la misma persona. Pero volviendo por un momento al pasaje, veamos lo que sucedió: "Entonces él les estuvo atento, esperando recibir de ellos algo. Mas Pedro dijo: No tengo plata ni oro, pero lo que tengo te doy; en el nombre de Jesucristo de Nazaret, levántate y anda. Y tomándole por la mano derecha le levantó; y al momento se le afirmaron los pies y tobillos; y saltando, se puso en pie y anduvo; y entró con ellos en el templo, andando, y saltando, y alabando a Dios. Y todo el pueblo le vio andar y alabar a Dios. Y le reconocían que era el que se sentaba a pedir limosna a la puerta del templo, la Hermosa; y se llenaron de asombro y espanto por lo que le había sucedido" (Hechos 3:5–10). El resultado fue la sanidad de este hombre, para alabanza de Dios.

"Cuando hubieron orado, el lugar en que estaban congregados tembló; y todos fueron llenos del Espíritu Santo, y hablaban con denuedo la palabra de Dios" (Hechos 4:31). Cuando el Espíritu Santo viene sobre un predicador, cambia su predicación. Yo puedo dar testimonio de esto, podrías preguntar a algunos hermanos, quién era yo antes de que el Espíritu de Dios me tocara en el año 1993 y quién soy ahora. Ellos le dirán que desde ese día, soy otro pastor, que esta es una nueva iglesia y que el corazón de la predicación es nuevo. ¡Dios cambia la predicación! Muchos de los ministros que han estado visitando nuestra iglesia, han experimentado también ese cambio, sus ministerios han sido transformados, porque el Espíritu Santo ha soplado sobre ellos; así que cualquiera que sea la labor que tú hagas para el Señor, si decides soltarte en Sus manos y dejarte guiar por Su Espíritu, experimentarás una transformación y todo a tu alrededor prosperará.

En el año 1995, dos años después de caminar con el Espíritu Santo todos los días, Él me habló y me dijo que Él es mi mejor amigo. Mi reacción ante esto fue pensar que me había enloquecido y me preguntaba: ¿Cómo voy a decirle esto a los demás?, pero la respuesta a mi pregunta vino de inmediato, Él me dijo: "Diles y recuérdales que a Abraham lo llamé mi amigo, a los discípulos los llamé mis amigos, a Lázaro lo llame mi amigo y a ti te digo: 'Tú eres mi amigo', diles también que estoy buscando a alguien que quiera ser mi amigo".

Es de vital importancia que entiendas, que cuando caminas guiado por el Espíritu Santo, tienes un nuevo compañero y ya no harás la obra tú solo. Recuerda lo que dijo el apóstol Pedro: "Y nosotros somos testigos suyos de estas cosas, y también el Espíritu Santo, el cual ha dado Dios a los que le obedecen" (Hechos 5:32). Dios es mi testigo, que cuando subo a la tarima a predicar, jamás subo solo, tal vez ven sólo a este pastor, pero yo te puedo decir que tengo Un amigo y Él va conmigo siempre que predico.

Sigamos avanzando por este recorrido por el Libro de Hechos de los Apóstoles: "Y Esteban, lleno de gracia y de poder, hacía grandes prodigios y señales entre el pueblo" (Hechos 6:8). El Señor tomó a un hombre sencillo que se dejó guiar, sopló sobre él, lo hizo un diácono y más adelante se convirtió en un evangelista. En nuestro caso particular, Dios nos tomó, sopló de Su Espíritu sobre nuestras vidas y pasamos de ser los pastores de una iglesia de 70 personas, a ser los pastores de una mega iglesia, avivadores para el siglo XXI. ¡Somos cambiados de posición cuando somos llevados por el Espíritu de Dios!

Otra de las cosas que suceden cuando dejamos que el Espíritu Santo sea quien nos guíe, es que Él cambia nuestra visión, y ahora vemos la realidad del Espíritu. Esto fue lo que ocurrió en Hechos capítulo 7 mientras estaban ape-dreando a Esteban: "Pero Esteban, lleno del Espíritu Santo, puestos los ojos en el cielo, vio la gloria de Dios, y a Jesús que estaba a la diestra de Dios, y dijo: He aquí, veo los cielos abiertos, y al Hijo del Hombre que está a la diestra de Dios" (Hechos 7:55–56), mientras muchos podrían ver el dolor y la angustia ante la muerte, Esteban estaba viendo a Dios. Es lo mismo que ocurrirá contigo cuando te dejas llevar por el Espíritu Santo, mientras los demás ven las malas noticias en la actualidad mundial, tú estarás viendo las promesas del Dios todopoderoso, que son las que te darán la victoria sobre cualquier adversidad.

Veamos ahora en Hechos capítulo 8, la historia de Felipe, cuando fue enviado a predicar al eunuco: "Un ángel del Señor habló a Felipe, diciendo: Levántate y ve hacia el sur, por el camino que desciende de Jerusalén a Gaza, el cual es desierto. Entonces él se levantó y fue. Y sucedió que un etíope, eunuco, funcionario de Candace reina de los etíopes, el cual estaba sobre todos sus tesoros, y había venido a Jeru-salén para adorar, volvía sentado en su carro, y leyendo al profeta Isaías. Y el Espíritu dijo a Felipe: Acércate y júntate a ese carro" (Hechos 8:26–29). "Cuando subieron del agua, el Espíritu del Señor arrebató a Felipe; y el eunuco no le vio más, y siguió gozoso su camino. Pero Felipe se encontró en Azoto; y pasando, anunciaba el evangelio en todas las ciudades, hasta que llegó a Cesarea" (Hechos 8:39–40). El Señor cambió el ritmo de vida a Felipe, lo llevó a la velocidad que Él necesitaba que fuera, trasladándolo de un lugar a otro de manera sobrenatural.

Esto mismo es lo que Dios ha hecho con nuestro ministerio, pues teníamos cinco minutos en la radio, pero cuando el Espíritu Santo sopló, nos dio una estación de radio, y a la fecha tenemos tres emisoras en Colombia y una emisora online, que transmiten las 24 horas del día; tenemos un canal de televisión local y un programa de televisión que se transmite en la estación cristiana hispana más grande del mundo. Antes de que el Señor soplara sobre este ministerio, éramos un grupo de 70 personas congregándonos, hoy somos miles y miles los que venimos a la iglesia Avivamiento para alabar el nombre del Señor, en nuestra sede principal en Bogotá, y en las diferentes sedes en Colombia y el mundo. El Espíritu Santo Él le cambió el ritmo y la velocidad a nuestro ministerio, Él es quien cambia la iglesia.

Debes saber que cuando somos llevados por el Espíritu Santo, ya no vamos en nuestra fuerza, no nos dejamos guiar por lo que nos parece o pensamos, pues se hace realidad para nosotros esta porción del pasaje de Zacarías 4:6: "No con ejército, ni con fuerza, sino con mi Espíritu, ha dicho Jehová de los ejércitos". Es lamentable ver lo que ocurre en algunas iglesias que usan métodos de crecimiento, pues están poniendo su fe en "algo" y no en la persona maravillosa del Espíritu Santo. La iglesia primitiva fue acrecentada por el poder del Espíritu de Dios, no por otra razón. Es sencillo, dejemos que Él nos lleve, que nos guíe, y entonces, no sólo seremos multiplicados, sino que Él nos hablará, nos enseñará, nuestro lenguaje será diferente, nuestro aspecto cambiará, nuestra posición será elevada e iremos al ritmo de Él. ¡Cambiemos la tradición!

¿Recuerdan a Pedro?, él era un judío tradicionalista que sabía que los judíos no se podían mezclar con otros pueblos, pero el Señor le da una visión y le pide que rompa con esa tradición porque el Evangelio debe ser llevado hasta lo último de la tierra. En nuestro caso particular, creíamos que los cristianos debían ser pobres, pues la prosperidad haría que nos volviéramos codiciosos; pensábamos además que los que prosperaban eran los impíos, idea que se había sembrado en nuestras mentes porque vivimos en un país en el que por los años 80 reinaba el narcotráfico y eran precisamente ellos los que tenían los mejores carros, las mejores casas, vestían con la mejor ropa e iban a los mejores restaurantes; así que nuestra mente estaba acostumbrada a esa tradición en la que lo bueno era para los malos. Gracias a Dios que cambió nuestra mentalidad y nos recordó lo que dice Su Palabra: "Acontecerá que si oyeres atentamente la voz de Jehová tu Dios, para guardar y poner por obra todos sus mandamientos que yo te prescribo hoy, también Jehová tu Dios te exaltará sobre todas las naciones de la tierra. Y vendrán sobre ti todas estas bendiciones, y te alcanzarán, si oyeres la voz de Jehová tu Dios. Bendito serás tú en la ciudad, y bendito tú en el campo. Bendito el fruto de tu vientre, el fruto de tu tierra, el fruto de tus bestias, la cría de tus vacas y los rebaños de tus ovejas. Benditas serán tu canasta y tu artesa de amasar. Bendito serás en tu entrar, y bendito en tu salir" (Deuteronomio 28:1–6).

Como ministros de Dios, muchas veces hacemos planes, organizamos nuestra agenda y nos disponemos para cumplirla fielmente, pero quiero que vayamos a Hechos 11:11–12:

"Y he aquí, luego llegaron tres hombres a la casa donde yo estaba, enviados a mí desde Cesarea. Y el Espíritu me dijo que fuese con ellos sin dudar. Fueron también conmigo estos seis hermanos, y entramos en casa de un varón", Pedro tenía planes, y seguramente ya tenía una agenda planeada, pero cuando eres llevado por el Espíritu, Él te cambia tus planes. A veces no entendemos por qué hay dificultades o por qué ocurren ciertas cosas, pero en realidad lo que está ocurriendo es que el Señor te está llevando a bendiciones más grandes, a victorias mayores, a conquistas impensables. ¡Él cambia nuestra agenda!

Continuaremos rápidamente con este recorrido por algunos capítulos más del Libro de Hechos, para que puedas apreciar la obra del Espíritu Santo en la iglesia. En Hechos 12 puedes verlo cuidando de nuestro ministerio; en el capítulo 13, podrás ver que Él es el que hace los llamamientos; en el capítulo 14, mientras Pedro y Bernabé son apedreados, Él los unge con gozo; en el capítulo 15 el Espíritu del Señor dirige la iglesia en el concilio de Jerusalén; en Hechos 16 le dice a Pablo dónde y qué predicar; en Hechos 17 y 18 el Espíritu guía a Pablo para que se quede en Corinto y finalmente, en el capítulo 19, le entrega a Pablo una ciudad, convirtiendo a Éfeso en la capital de un avivamiento.

Muchas cosas más podríamos decirte que ocurrirán en tu vida si decides dejarte llevar por el Espíritu Santo, pero, aquí la pregunta es: ¿Qué clase de iglesia quieres ser? ¿Una iglesia llena de normas y ataduras que se rige por la tradición o una iglesia llevada por el Espíritu Santo? Hace muchos años el Señor me tomó y me habló diciéndome que estaba buscando a uno que se levantara por Colombia, mi país; para ese entonces yo era un niño en la fe, estaba haciendo el segundo o tercer semestre del seminario bíblico, pero a pesar de la incapacidad con la que yo me veía, le respondí: ¡Señor heme aquí! Y lo que hoy estoy oyendo, es la voz del Señor que dice: "Estoy buscando una iglesia que sea conocida por que es llevada por Mi Espíritu" ¿Quieres ser parte de esta iglesia?

Nuestra oración es que mientras lees estas líneas, el Espíritu Santo sople sobre tu vida, porque si hoy te sueltas en las manos de Dios, si decides dejarte llevar por Su Espíritu y que Él te guíe en todo, ¡prepárate! Porque cosas sorprendentes vendrán para tu vida, familia y ministerio. Pero es necesario que se lo digas, que lo confieses con tu boca, pues Él quiere oírlo de ti: "Señor yo quiero ser guiado por Tu Santo Espíritu".

Capítulo 6

BUSCADME Y VIVIRÉIS

por: Pastora María Patricia Rodríguez

H ABÍA UNA VEZ un niño pequeño, el cual se quedó mirando fijamente a su papá y de repente le pregunta: ¿Papi, de qué tamaño es Dios? El padre, desconcertado por aquella pregunta, miró al cielo en busca de ayuda divina para encontrar una respuesta. De pronto, vio un avión que pasaba en el cielo y le respondió a su hijo con otra pregunta: "Hijo, ¿de qué tamaño ves aquel avión?" El niño sin dudarlo dijo: "Es muy pequeño, casi ni se alcanza a ver". El padre queriendo responder de la mejor forma la duda de su hijo, lo llevó al aeropuerto y acercándose le mostró un avión que estaba en tierra y le preguntó de nuevo: "Hijo, ¿de qué tamaño ves este avión?" El niño muy sorprendido le responde: ¡Papi, es enorme! ¡No me imaginaba que los aviones fueran tan grandes! Entonces el padre le responde: "Pues así es Dios, el tamaño que tenga va a depender de la distancia que tú estés de Él. Cuanto más cerca estés de Dios, más grande será Su presencia en tu vida". ¡Así de grande es Dios!

Cierto día me encontraba meditando, y me preguntaba: ¿Por qué para nosotros los creyentes, es tan difícil creer en Dios? ¿Por qué nos cuesta creer en ese Dios poderoso que nos llamó? ¿Por qué nos parece complicado creer que Él es lo suficientemente capaz de hacer la obra del ministerio, si fue Él mismo quien la planeó? Si como ministros, Dios tiene con nosotros un propósito para la tierra y para esta generación, ¿por qué no podemos soltarnos tranquilamente en Sus manos sin temor a tener una pérdida? Me quedé meditando en esto y el Espíritu Santo en un tono muy triste, me dijo: "Esto ocurre, porque no me conocen, y como no saben quién soy, por lo tanto, no me creen".

Entonces, volviendo a la ilustración con la que comenzamos este capítulo, debes saber que tú le creerás a Dios y podrás soltarte confiadamente en Sus manos, en la medida en que lo tengas cerca, si como ese niño pequeño se acercó al avión y pudo ver su grandeza, hoy decides acercarte a Él, sólo entonces podrás ver a ese gigantesco Dios con toda Su majestuosidad y poder obrando a tu favor.

¿Sabías que para Dios es una ofensa, que nosotros busquemos el consejo de un hombre antes que el suyo? "Ay de los hijos que se apartan, dice Jehová, para tomar consejo, y no de mí; para cobijarse con cubierta, y no de mi espíritu, añadiendo pecado a pecado" (Isaías 30:1). Mira lo que dice la Biblia unos versos más adelante: "Ciertamente Egipto en vano e inútilmente dará ayuda; por tanto yo le di voces, que su fortaleza sería estarse quietos" (Isaías 30:7). Así que como siervo de Dios, tu fortaleza no puede estar en lo que el mundo o los métodos te ofrecen, sino únicamente en Él, cuando le buscas desesperadamente.

Cuando niños, nos divertíamos y disfrutábamos mucho un juego, en el cual, el líder del grupo gritaba: ¡Estatua! Y todos los demás niños debíamos quedarnos quietos, y perdía el que se moviera, aunque fuera un poquito. ¿Sabes? Con Dios es exactamente igual. El Señor te está llamando,

Él está decidido a hacer algo contigo, pero si tú no le buscas definitivamente y no vas a Su presencia y descansas en Él, sino que te mueves, déjame decirte que ¡Perdiste! Perdiste la carrera, la bendición y lo que Dios tenía planeado para ti. Eso es lo que el Señor llama soberbia y altivez. Aquel que siempre está queriendo ayudarle a Dios, el que dice creer que Él es grande y poderoso, pero que sus propias ideas son tan maravillosas que, ¿por qué no desarrollarlas?

La Biblia dice: "Bueno es esperar en silencio la salvación de Jehová. Bueno le es al hombre llevar el yugo desde su juventud. Que se siente solo y calle, porque es Dios quien se lo impuso" (Lamentaciones 3:26-28). Aquí está el secreto: Búscalo, Él te hablará y una vez lo haga, ¡corre!, no te quedes estacionado, sino que ve y haz lo que el Señor te dijo. Si ya Dios organizó esos planes perfectos en tu vida, entonces, ¿qué te detiene? Suéltate en las manos de Dios, permítele que cambie tu ritmo, tu agenda, tu confesión, que cambie todo lo que Él quiera cambiar, pero ¡corre! Porque tendrás la certeza que Él te hará prosperar en todo.

Quizá podrías preguntarnos: ¿Cómo llegaron a este punto en el ministerio, pues antes eran pequeñitos y ahora son grandes? No es que antes éramos nadie y ahora somos alguien ¡No! Nosotros seguimos siendo nadie, el Único grande en la iglesia es el Rey de reyes y Señor de señores, nosotros seguimos siendo insignificantes, sin importancia, el único valor que tiene este ministerio es Su gloria y Su Unción. Él es el que ha llevado el Centro Mundial de Avivamiento a ser lo que hoy es, y Su dirección es lo único que nos importa como líderes de este avivamiento.

El hecho de que nosotros estemos predicando, no quiere decir que no necesitemos de Él, todo lo contrario, queremos más del Espíritu Santo, queremos todo lo que Él tiene para nosotros, tenemos esa comunión diaria con el Espíritu Santo, nos gozamos en Su presencia y pasamos horas enteras con Él, para nosotros no es difícil. Pero la verdad es que no nos conformamos con lo que ocurre en el lugar secreto, sino que siempre vamos expectantes y sedientos a la iglesia, porque en Avivamiento se siente una atmósfera especial, allí Él desciende con todo Su poder y nosotros estamos en primera fila, como esponjas, absorbiendo todo lo que Él tiene para nosotros. ¡Dios quiere un pueblo que se prenda en avivamiento y que glorifique Su nombre!

Ahora, tal vez estés esperando que en alguna parte de este libro te enseñemos un método o una serie de pasos para que tu ministerio pueda crecer, pero si es así, tendremos que decirte que no lo vas a encontrar mientras lees estas páginas. Lo que sí podemos asegurarte, es que con todo nuestro amor, queremos presentarte a Aquel que te puede hacer crecer, a Aquel que te puede dar todos los planes bendecidos para tu vida, familia, ministerio, ciudad y nación; Aquel que puede llevarte tan alto como tú se lo permitas; el Espíritu Santo, sólo Él puede hacerlo.

Ahora, queremos contarte un poco la historia de Zaqueo, la cual encuentras en el capítulo 19 del Evangelio de Lucas. Este hombre, no sólo era publicano, sino que era jefe de los publicanos, había sido puesto por el gobierno de Roma con la tarea de cobrar los impuestos. Así que los judíos odiaban a los publicanos y los aborrecían, porque ellos debido a su fe, sabían que al único que debían darle honra con sus finanzas era a Dios y no entregándole su dinero al César; eso los ofendía, pero les tocaba hacerlo, pues debían someterse. Además, estos publicanos, haciendo uso del ejército, se confabulaban para estafar al pueblo y quitarles más de lo que les correspondía.

En medio de todo esto, hay algo que se puede resaltar de Zaqueo y es su actitud; cuando el Señor Jesús entró en Jericó, la multitud venía y él quería verlo, este hombre era judío y seguramente había oído hablar de Jesús, de los milagros que hacía y sabía que era el Rey de Israel. Debido a su baja estatura, saltaba y saltaba con el único propósito de poder ver al Maestro, pero en vista de que no lo lograba, no se conformó allí, ni se limitó por su estatura, su posición o el odio que seguramente las personas sentían por él, sino que por el contrario corrió y se subió en un árbol sicómoro, porque sabía que Jesús tenía que pasar por allí, así que estaba feliz porque lo había logrado, iba a ver a Jesús. Ahora, si leemos bien la Biblia, no sólo dice que Él pasó por allí, sino que además se detuvo y dirigiendo Su mirada hacia él, le dijo: "Zaqueo, date prisa, desciende, porque hoy es necesario que pose yo en tu casa" (Lucas 19:5). ¿Puedes imaginarte cómo saltaba de emoción el corazón de Zaqueo? Pues bien, ese pequeño hombre, publicano y pecador, causó que nada más y nada menos que el Maestro, el Rey de reyes y Señor de señores se detuviera, y ¿Sabes por qué? Porque Jesús pudo conocer su corazón, el Señor pudo ver el potencial increíble que tenía Zaqueo y supo que seguramente arrepentido haría una gran obra para Él.

No sabemos cuál sea tu condición, si tal vez te identificas con Zaqueo y al igual que él te sientes pequeño, odiado y perseguido, si has hecho de todo por alcanzar la bendición y no ves respuesta, o probablemente estés cansado del ministerio y a punto de tirar la toalla como decimos acá en Colombia. Si este es tu caso y sientes que no puedes más, entonces hoy Dios te dice: "Levántate y corre, porque es necesario que more en tu casa". Debes saber que Jesús ha visto el potencial que hay en ti, al Señor no le importa que seas pequeño e insignificante, que no tengas una gran posición o muchas habilidades, Dios no te mira con indiferencia, pues Él no hace acepción de personas, sino que te ama con amor eterno y en Su misericordia infinita: ¡Jesús te llamó y Él cree en ti!

¿Te sientes insignificante? Bueno, déjanos hacerte una pregunta más: ¿Cómo crees que se sentían los doce espías cuando entraron a la tierra de los gigantes? Eran enormes, y ellos se veían diminutos ante ellos, sentían que con una sola mano los podían aplastar, y aunque diez de estos espías se dejaron amedrentar por ellos, de allí también se levantaron dos que tuvieron la visión y que pudieron ver que esos gigantes eran como nada si Jehová de los ejércitos estaba con ellos; tenían su confianza puesta en Dios para poder entrar y poseer esa tierra. Pequeños a sus ojos, pero confiados en un gran Dios que todo lo puede.

Si como Zaqueo te sientes insignificante, entonces hay muy buenas noticias para ti, eres el candidato perfecto para que Dios el Señor te levante y haga de ti una gran persona, capaz de cavar esos pozos donde no hay agua, capaz de prender tu corazón en fuego por el Maestro y tener un avivamiento en tu vida, familia y ministerio. ¡Dios es especialista en usar a los pequeños!

Veamos ahora el caso de Saúl: "¿No soy yo hijo de Benjamín, de la más pequeña de las tribus de Israel? Y mi familia ¿no es la más pequeña de todas las familias de la tribu de Benjamín?" (1 Samuel 9:21). Aun así Dios lo ungió. Y con las mismas palabras respondió Gedeón al llamado que le hizo el Señor. "Ah, señor mío, ¿con qué salvaré yo a Israel? He aquí que mi familia es pobre en Manasés, y yo el menor en la casa de mi padre" (Jueces 6:15), el más pequeño, pero Dios pudo usarlo para derrotar a los madianitas y liberar a su pueblo. Podemos citarte a David, quien no era nadie ante los ojos de su padre, ni de sus hermanos, también está el caso de José, menospreciado y vendido por sus hermanos, porque lo odiaban, y seguiríamos con la larga lista, pues la Biblia está llena de ejemplos como estos, de hombres pequeños, insignificantes a los ojos de muchos; sin ir tan lejos, nosotros, pero así como lo hizo con estos hombres de Dios en la Biblia, lo hizo con nosotros, Él fue quien nos levantó y lo mejor de todo, ¡Él quiere y puede hacerlo contigo!

Blaise Pascal, un científico, escritor y filósofo cristiano francés del siglo XVII, dijo alguna vez que solo conocía a dos tipos de personas razonables, aquellos que buscaban al Señor de todo su corazón porque le amaban y aquellos que le buscaban de todo su corazón porque no le conocían, y coincidimos con él en esto, creemos que existen estos dos grupos de creyentes. No importa si eres pastor y llevas cuarenta años en el ministerio, si has trabajado arduamente en la obra del Señor haciendo todo lo que tú crees que debes hacer, pues en este punto, lo que debes preguntarte es: ¿Lo conoces? ¿Conoces a tu hacedor? ¿Sabes quién es Él? ¿Sabes de Su grandeza? ¿Conoces Su magnitud?

La Biblia habla en el Libro de Job, de ese gran y enorme monstruo llamado Leviatán, al cual se le describe como indestructible, que no le tenía miedo al miedo y que nadie podía levantarse contra él. Pero, ¿sabes que hizo Dios con él? Mira lo que dice la Palabra: "Magullaste las cabezas del leviatán, y lo diste por comida a los moradores del desierto" (Salmo 74:14). Este Dios que le aplastó la cabeza a Leviatán y lo dio por comida a las bestias del desierto, es el Dios que te ha llamado, es el Dios en el que tú has creído. Él tiene todo el poder, fue quien les puso término a las aguas y ellas no pasaron ese límite que Él estableció. Ese Dios grande y maravilloso abrió el mar Rojo para que Su pueblo pasara en seco y allí mismo dejó muerto a Sus enemigos, porque Dios tenía un plan con ese pueblo, Él lo dijo y Él lo ejecutó.

Ahora, no puedes olvidar, ni dudar por un instante que Dios también tiene un plan maravilloso contigo, en breve, el Señor te librará de tus enemigos, de aquellos que te han escarnecido, que se han burlado de ti, que se han pasado el tiempo mofándose de ti y de tu fe; en breve el Señor les aplastará la cabeza y a ti te pondrá por cabeza y no por cola, ¡Él mismo se encargará de ti!

No importa cómo te sientas o cómo te veas, pues eso no tiene ninguna relevancia. Quiero compartir contigo algo que viví hace un par de años; estaba atravesando por un quebranto de salud muy fuerte, incluso estuve tres días con amnesia total, literalmente no sabía de mí, no sabía nada de nada, totalmente perdida en mi mente. Esto se debió a un choque químico que hubo en mi cuerpo, a causa de unos medicamentos que me enviaron y que no se debían mezclar con otros que estaba tomando; pasados estos tres días, duré todo un día convulsionando, no podía sostener ni mi cabeza. Después de este episodio, quedé en un estado total de lamento sobre mi vida, me dio vértigo y no podía levantarme de la cama, porque el mundo me daba vueltas, así que tenía que quedarme quieta. Estábamos a pocas semanas del Congreso Mundial de Avivamiento que realizamos cada año en nuestra iglesia y al que asisten miles de pastores de todo el mundo, así que orando le reclamé al Señor: ¡Por favor, glorifícate en mi vida, necesito que me devuelvas mi salud! Pero luego, bajé el tono de mi súplica. Aquí debo aclarar que nunca le atribuí despropósito alguno a mi Señor por lo que me ocurría, preferiría morirme antes que hacer eso; así que me senté y le dije: "Señor, todo esto tiene que tener un propósito, esto no está pasando porque sí".

Mi familia, los líderes y la iglesia llevaron una ofrenda grande al altar, clamando por mi sanidad, eso sumado al amor y apoyo de mis hijos, pero sobre todo de mi amado esposo, un hombre único, pues como él no hay dos, como siempre digo el Señor hizo a Ricardo y luego rompió el molde. Él siempre estuvo a mi lado con su amor, cuidados y paciencia, ayudándome a salir de esa difícil situación. A los ocho días de estar en esa condición, pude ir a la iglesia un domingo, y cuando pude pararme en el púlpito, sentí tanto la gloria de Dios, que ni siquiera me reconocía, fue algo impresionante, nadie podría en ese momento imaginar lo que había pasado y lo que estaba viviendo.

Nosotros somos como un guante, y no importa si está roto, ajado, sucio y arrugado, lo importante es Quien mete la mano en ese guante. Por eso te digo: ¿Qué importa cómo te sientas? ¿Qué importa cómo te veas? No escuches a los hombres, pues lo que realmente te debe importar es que para el Señor, lo vales todo; yo sé que soy Su especial tesoro, yo sé que Él vio en mi esa calidad o fortaleza para resistir todo lo que me ha venido, pero quiero decirte algo, estoy muy agradecida con Dios, porque a partir de ese momento, el Señor ha traído liberación para cientos y cientos de personas que han caído en depresión y han vivido mi enfermedad.

Le doy gracias a Dios porque me he podido sobreponer, no me quedé mirándome a mí, ni a mi condición, y aunque estuve como un desecho, en el peor momento de mi vida, cuando mi único deseo era retirarme, huir, esconderme debajo de la almohada y nunca más salir de allí, el Señor vino y me dijo: "Eso es lo que quiere Satanás, pero lo que

Yo tengo contigo es muy grande, así que levántate y abre brecha", y eso fue precisamente lo que hice. Me levanté y fue en ese momento cuando escribí el coro: "Mi deseo es para Ti". Debo decirte que es completamente contrario a mi voluntad, me levanto cada mañana y hago lo que tengo que hacer y anhelo hacer, porque renuncié a mi deseo, renuncié a mi voluntad, se las entregué a Jesús y le dije: "Señor, mi voluntad y deseo son para ti".

La diferencia entre ser pequeño y quedarse pequeño, está en una sola decisión, ¿sabías eso?, puedes quedarte en la queja: "No soy nadie, nadie cree en mí, no tengo dinero, no sé a dónde ir, es terrible el ministerio", esas son ¡mentiras del diablo! El ministerio es glorioso, es precioso; cuando el ministerio tiene el sabor de Cristo es maravilloso servirle a Él, es lo mejor que nos pudo haber pasado en la vida; yo no me imagino gastándome en esta vida en otra cosa, amo servir a mi Señor, a pesar de… Así que levántate de tu condición y mira con los ojos del Espíritu, porque sólo así podrás ver cuántos sicómoros hay listos para que te subas en ellos.

Ahora, la diferencia entre ser pequeño y quedarte pequeño es: "Corre a pesar de…" corre, aunque tú no quieras correr, corre y búscalo desesperadamente, súbete en ese árbol y haz lo que tengas que hacer, pero no te quedes postrado lamentándote porque eres pequeño. Ahí es cuando vas a ver la diferencia entre ser pequeño y quedarte pequeño. ¡Una decisión!

Es bueno e importante que sepas en qué condición estás, que nunca se te olvide quién eres en verdad; que nunca se te olvide, ¡nunca! Puede ser que seas el guante ajado, roto y sucio, pero si el que lo llena es el Espíritu de Dios, entonces serás totalmente invencible. Este capítulo podría resumirse en este verso: "Pero así dice Jehová a la casa de Israel: Buscadme, y viviréis" (Amós 5:4).

Recuerda, Dios tiene para tu vida, grandes cosas y grandes planes, así que ¿por qué desperdiciar tu vida lamentándote y mirando para los lados? Más bien, levántate y sacúdete de tu situación, pon tu mirada en el Señor y dile: "Mi voluntad y mi deseo, definitivamente son para ti".

Capítulo 7

NUNCA SERÁS
EL MISMO

ALGUNA VEZ TE has preguntado, ¿cómo hombres sencillos y del común, llegaron a ser los discípulos de Jesús y más adelante se convirtieron en grandes hombres de la fe? Tal vez podrías pensar que fue por su arduo trabajo, su gran dedicación o quizá, debido a un fuerte entrenamiento, pero no, estos hombres tuvieron experiencias espirituales que transformaron su vida por completo.

Cuando Jesús comenzó Su ministerio, fue a Capernaúm y la gente que lo escuchaba predicar quedaba asombrada: "Y se admiraban de su doctrina, porque su palabra era con autoridad" (Lucas 4:32). Después, en este mismo capítulo, Jesús estando en la sinagoga, echó fuera un demonio y todos quedaron maravillados; saliendo de allí, entró en la casa de Simón Pedro y sanó a su suegra, la cual, al levantarse de su lecho de enfermedad comenzó a servirle.

En la noche trajeron a Él muchos enfermos y endemoniados y Jesús los sanó a todos, por lo cual, a la mañana siguiente todos le rogaban que se quedara allí con ellos, por esto, Él comenzó a predicar a la orilla del mar de Galilea, pero la gente se agolpaba para poderlo ver y oír, razón por la cual, Jesús tuvo que subirse a una barca y pedirle a Simón Pedro que lo alejara un poco de la orilla, y desde allí poder enseñar.

Experiencias como estas que acabamos de leer, es lo que normalmente sucede en el alma de las personas cuando tienen un encuentro con Jesús. A causa de la unción que está en Él, quedan admirados, maravillados, asombrados, comienzan a servirle, le ruegan que no se vaya, se aglomeran para escucharlo y se sorprenden por los milagros que Él hace.

Pero si avanzamos un poco más en el Evangelio de Lucas, vemos cómo Jesús al terminar su enseñanza le dice a Simón Pedro: "Boga mar adentro, y echad vuestras redes para pescar", a lo que él le contestó: "Maestro, toda la noche hemos estado trabajando, y nada hemos pescado; mas en tu palabra echaré la red" (Lucas 5:4–5). Cuando Pedro y los que con él estaban, intentaron sacar las redes del mar, no podían hacerlo. Quizá podrían haber pensado algunos de los que estaban con él que la red se había enredado con alguna rama en el fondo del mar, pero no, para sorpresa de todos los allí presentes, cuando por fin lograron sacarla, había tantos peces como jamás habían visto en una pesca anterior, algunos científicos expertos en este tipo de embarcaciones, calculan que pudo ser cerca de una tonelada de peces, pues la barca se hundía a causa de la cantidad de estos.

Es importante en este punto, resaltar que ellos eran pescadores hijos de pescadores. Jonás era pescador, el papá de Simón Pedro era pescador, Zebedeo el papá de Juan y Jacobo eran todos pescadores, eran una generación de pescadores, pero Jesús no lo era, se suponía que era un carpintero, y fue precisamente Él, quien les dio la pesca más grande en la historia de sus vidas.

Al ver esto, inmediatamente lo que vino a la vida de Pedro fue un temor que lo envolvió totalmente, y cayó de rodillas delante de Jesús diciendo: "Apártate de mí, Señor, porque soy hombre pecador" (Lucas 5:8b). Esta reacción en la vida de Pedro, no vino cuando vio que Jesús echaba fuera los demonios, tampoco cuando sanó a su suegra y a muchos otros enfermos, ni siquiera cuando estando en la barca con Él, lo escuchó predicar. Fue en ese instante, parado frente a la sobreabundancia, cuando Pedro cayó lleno de temor y comenzó a temblar, y todos los que con él estaban fueron también invadidos por el miedo y el asombro, y es justo cuando Jesús dice: "No temas; desde ahora serás pescador de hombres" (Lucas 5:10b). Y allí saliendo de la barca, la Biblia registra, que ellos dejando todo, decidieron seguir a Jesús (Lucas 5:11).

Quizá alguno pueda pensar que fue la impresión del momento, pero no se trataba de emociones, no fue una manifestación de una reunión, sino que se dio un cambio profundo en la vida de ellos, donde todo lo demás perdió valor. Algún codicioso podría haber pensado en proponerle al Señor que fueran socios, otro quizá podría contemplar la posibilidad de ir al mercado y vender los peces para obtener una gran ganancia, pero a ellos les invadió un temor que los hacía temblar, cambiaron de estar maravillados y agolparse para oír un sermón, a dejarlo todo para seguirlo a Él, se consagraron totalmente a causa de una experiencia espiritual transformadora.

Este tipo de experiencias, son las que vas a comenzar a vivir si hoy tomas la decisión de caminar con el Espíritu Santo. Será como cuando te subes a un avión y te dicen que te pongas el cinturón de seguridad porque va a despegar; pues bien, este no será un jet con todo el confort, pues será una guerra de bendición y de gloria, y sí que se va a mecer y sacudir el avión de tu vida y de tu familia, pero por más fuerte que sea el sacudón, puedes tener la seguridad de que la subida será gloriosa y te llevará a una bendición jamás esperada, por eso, debes asegurar bien tu cinturón que es la Palabra de Dios, amarla y escudriñarla, pues ella te dará la garantía de un viaje seguro.

Cada vez que hay cambios trascendentales en el mundo espiritual, hay ataques y resistencia. Tal vez, muchos de ustedes que están leyendo este libro, conocieron del Evangelio de Cristo en los últimos años, por eso, consideramos necesario contarles un poco lo que se vivió, hasta llegar a lo que hoy podemos ver.

En los años 80 en las iglesias cristianas, se acompañaba la adoración y la alabanza con una pandereta, había un himnario y casi todo estaba programado; iban todos a una página del libro, se ponían de pie y comenzaban a cantarlo, luego procedían a otra de sus páginas y cantaban otro coro y ya. Pero cuando se comenzaron a introducir los instrumentos y se dio la adoración y la alabanza como la tenemos hoy en día, las iglesias que así lo hicieron, no solo fueron objetos de crítica, sino que además fueron satanizadas, se decía que la música que allí entonaban, era del diablo, pero lo que estos "críticos" no sabían, es que Dios estaba restaurando el tabernáculo caído de David, estaba restaurando la adoración y la alabanza.

Gracias a esto, es que hoy vemos a las personas que cuando adoran se quebrantan y lloran, cantan, levantan las manos, y es entonces cuando sus vidas son bendecidas en medio de esta adoración. Por eso, aunque en un comienzo fue considerado como algo satánico, hoy, por el fruto podemos saber que este cambio venía del Espíritu de Dios.

Lo que se debía haber juzgado, era el fruto, pues a causa de este cambio en la adoración y en la alabanza, vino un crecimiento en las iglesias y un despertar espiritual, que hasta los jóvenes que eran apáticos al Evangelio, ahora querían estar en la iglesia, con un deseo de servir y consagrar sus vidas a Dios. Pero en esa época, los que resistieron el cambio se perdieron todo lo que estamos viviendo y disfrutando hoy, si tan sólo hubieran ido a la Escritura, se habrían dado cuenta que esto es lo que nos describen los salmos.

Por esta misma época vino la liberación, y con ella una vez más la crítica, pues decían que la liberación no era para los cristianos, pues los creyentes no podían tener demonios, ni estar atados, pero Jesús mismo lo dijo cuando les dio a Sus discípulos la gran comisión: "Por camino de gentiles no vayáis, y en ciudad de samaritanos no entréis, sino id antes a las ovejas perdidas de la casa de Israel. Y yendo, predicad, diciendo: El reino de los cielos se ha acercado. Sanad enfermos, limpiad leprosos, resucitad muertos, echad fuera demonios; de gracia recibisteis, dad de gracia" (Mateo 10:5–8). Los que no estaban bien fundamentados en la Palabra de Dios, terminaron fuera, pero los que escudriñaron su Biblia, disfrutaron de la liberación. "Así que, si el Hijo os libertare, seréis verdaderamente libres" (Juan 8:36).

Años más adelante, ya en la década de los 90 cuando habíamos recibido el llamamiento al Ministerio, en Colombia no conocíamos hasta el momento ningún ministerio de sanidad, así que fuimos pioneros en nuestro país. Pero al ver esto, comenzaron las críticas, los ataques, la difamación, decían que la gente venía a nuestros servicios por los milagros de sanidad y no buscando a Dios, pero si fuera así una vez obtenido el milagro la gente no volvería más a la iglesia, pero, todo lo contrario, aunque muchos vienen y consiguen su milagro, luego de obtenerlo, así como lo leímos en el pasaje en el Evangelio de Lucas, arde en sus corazones el deseo de servir a Dios y consagrarse a Él. Y por supuesto, si necesitamos un milagro de sanidad no vamos a ir al brujo, ni al hechicero, sino que vamos a Jehová Dios, nuestro Sanador.

"Y dijo: Si oyeres atentamente la voz de Jehová tu Dios, e hicieres lo recto delante de sus ojos, y dieres oído a sus mandamientos, y guardares todos sus estatutos, ninguna enfermedad de las que envié a los egipcios te enviaré a ti; porque yo soy Jehová tu sanador" (Éxodo 15:26).

"Él es quien perdona todas tus iniquidades, el que sana todas tus dolencias" (Salmo 103:3).

"He aquí que yo les traeré sanidad y medicina; y los curaré, y les revelaré abundancia de paz y de verdad" (Jeremías 33:6).

Quizá pensarás que esto solo ocurría décadas atrás, pero como te lo dijimos anteriormente, siempre que Dios quiere hacer un cambio trascendental en el mundo espiritual, vendrá la resistencia. Hoy en día continúan las críticas, nos exponen en los medios y nos atacan por hablar y enseñar acerca de la sobreabundancia y la prosperidad que Dios quiere traer a Sus hijos. Ahora dicen que la gente viene al avivamiento, por codicia.

Cada fin de semana somos testigos de decenas de testimonios no sólo en nuestra sede principal en la ciudad de Bogotá, sino que también en cada una de las sedes que actualmente tenemos por toda Colombia y el mundo, en los cuales las personas consiguen el empleo que necesitaban, les suben su salario hasta diez veces más, Dios les regala su empresa propia, son libres de las deudas, y muchos otros testimonios por el estilo. Y te preguntarás, ¿qué pasa con estas personas después de recibir su milagro? ¿Vuelven atrás?, pues bueno, aquí están, apasionados por Dios, sirviéndole con dedicación.

¿Es del diablo o es de Dios? ¿Son emociones y fanatismo o es el Espíritu Santo? A lo largo de tu Biblia encontrarás la respuesta a estas preguntas, pues es por los frutos y por la Escritura que nosotros permanecemos.

Volvamos por un momento al pasaje con el que comenzamos este capítulo, y piensa qué fue lo que exactamente sucedió allí, pues bien, estos hombres habían estado trabajando toda la noche y no habían pescado nada. Pero de repente, en un solo instante, Jesús envió una Palabra y les dio una poderosa pesca. Estos discípulos tuvieron un milagro en su economía, tuvieron una pesca nunca antes vista; pero no se quedaron ahí conformes con su milagro, sino que dejaron los peces, dejaron sus barcas, todo lo que era importante hasta ese momento en sus vidas, y decidieron consagrarse y seguir a Jesús. ¿Por qué? Por los frutos.

Entrando en el contexto, si era una zona de pesca, quizá había una tercera y hasta una cuarta barca presenciando lo sucedido, y tal vez al ver esto pensaban y decían: "Uy que fanatismo en esa religión", "Jesús les predica y tiemblan y caen de rodillas, ¡qué exageración!". Pero estos que seguramente fueron tildados de fanáticos y religiosos, a causa de los frutos, decidieron dejar sus redes y seguir a Jesús, y no solo por un tiempo, ellos lo siguieron hasta el final y aun con sus propias vidas demostraron su fe en el Hijo de Dios.

Así que si eres un poco escéptico cuando ves que las personas en un servicio se ríen, tiemblan, lloran, caen, y te parece que son exageradas este tipo de manifestaciones, pues bien, sin importar si estás de acuerdo o no, tienes que ir a la Escritura:

Daniel: "Vino luego cerca de donde yo estaba; y con su venida me asombré, y me postré sobre mi rostro. Pero él me dijo: Entiende, hijo de hombre, porque la visión es para el tiempo del fin. Mientras él hablaba conmigo, caí dormido en tierra sobre mi rostro; y él me tocó, y me hizo estar en pie" (Daniel 8:17-18).

Pablo: "Mas yendo por el camino, aconteció que al llegar cerca de Damasco, repentinamente le rodeó un resplandor de luz del cielo; y cayendo en tierra, oyó una voz que le decía: Saulo, Saulo, ¿por qué me persigues?" (Hechos 9:3-4).

Los que arrestaron a Jesús: "Judas, pues, tomando una compañía de soldados, y alguaciles de los principales sacerdotes y de los fariseos, fue allí con linternas y antorchas, y con armas. Pero Jesús, sabiendo todas las cosas que le habían de sobrevenir, se adelantó y les dijo: ¿A quién buscáis? Le respondieron: A Jesús nazareno. Jesús les dijo: Yo soy. Y estaba también con ellos Judas, el que le entregaba. Cuando les dijo: Yo soy, retrocedieron, y cayeron a tierra" (Juan 18:3-6).

Estos son solo tres ejemplos de muchos que vemos en la Escritura, de lo que sucede cuando las personas tienen un encuentro con Dios. Caían postrados, temblaban de miedo, tenían experiencias espirituales fuertes, asombrosas, gloriosas, y eso es lo que viene para la Iglesia de Jesucristo en estos postreros días, lo encuentras en la Biblia y por los frutos podrás saber: ¡Es de Dios!

En este tiempo, Dios va a sorprendernos, va a darnos experiencias espirituales tan grandes, que lo que tenemos que juzgar y ver es el fruto en nuestras vidas, en nuestro comportamiento, en nuestras relaciones con la familia, en nuestro caminar, en nuestras conquistas y en nuestras batallas. Porque vendrá después de esto, tal denuedo que vamos a ver nuestros Goliat como pulgas, vamos a mover nuestras montañas con tal facilidad que podremos decir confiadamente lo que dijo el Señor: "Si puedes creer, al que cree todo le es posible" (Marcos 9:23).

Así que es momento de ponerte bien el cinturón de seguridad espiritual, porque en este viaje, cuando comience a mecerse y sacudirse el avión, los que no estén bien asegurados saldrán volando, pero en cambio, vendrán miles y miles como nunca antes el pueblo cristiano pensó ver, y todos corriendo a los pies de Jesús. Este es el tiempo y la hora, en el cual Dios lo va a hacer, y vendrá con señales maravillosas, que causarán malestar entre los que no creen.

El pueblo de Israel, después de la deportación, cuando regresaron a Tierra Santa, no tuvieron voz de profeta por 430 años, pero un día cualquiera Zacarías uno de los sumos sacerdotes entró al santuario porque le correspondía ese año hacer la ofrenda, y de pronto encuentra un ángel dentro del santuario y era Gabriel, quien le anunció que iba a tener un hijo de nombre Juan, el cual sería profeta grande delante de Dios. Dice la Escritura, que sobre Zacarías vino tal temor, que cuando salió del santuario había perdió el habla, la gente afuera estaba preocupada porque no sabía qué había pasado, porqué se demoraba tanto en salir, y cuando por fin sale, ven a un hombre lleno de miedo, temblando y cuando le preguntan qué pasó, se dan cuenta que no podía hablar y así fue por nueve meses.

Lo que él vio era la señal de un nuevo tiempo, Dios estaba visitando a Su pueblo y enviaba al hijo de Zacarías, Juan el bautista, para enderezar el camino para el Hijo de Dios. Una experiencia espiritual transformadora, era el anuncio de un nuevo tiempo, no sólo para Israel, sino para todas las naciones de la tierra.

Hasta las mismas autoridades religiosas de la época de Jesús, luego de que Él había muerto y resucitado lo dijeron: "Y ahora os digo: Apartaos de estos hombres, y dejadlos; porque si este consejo o esta obra es de los hombres, se desvanecerá; mas si es de Dios, no la podréis destruir; no seáis tal vez hallados luchando contra Dios" (Hechos 5:38–39). Las experiencias espirituales fuertes generan crítica, pero tú, no tienes que juzgar la apariencia externa, sino el resultado, lo que Dios está haciendo en lo más profundo del corazón de cada persona que vive este tipo de experiencias.

El Señor Jesús después de morir en la cruz, fue puesto en una tumba en un huerto, y le pusieron una piedra gigante para taparla. Las mujeres que seguían a Jesús, fueron al amanecer del tercer día, y llevaban mirra, aceite, vendas y todo lo necesario para embalsamar el cuerpo del Señor, según era la costumbre de su pueblo. Pero cuando llegaron al lugar, se encontraron con dos ángeles sentados en el lugar donde habían puesto al Señor, y ellos les dijeron: "¿Por qué buscáis entre los muertos al que vive?" (Lucas 24:5), debido a esto, las mujeres se fueron huyendo del sepulcro, porque les había tomado temblor y espanto y no le decían nada a nadie porque tenían miedo.

Si pensamos un poco en la gente que las conocía, tal vez dirían: "Allá van esas fanáticas, mírenlas temblando, llorando, que religiosas, tan absurdas, miren cómo van". Pero lo que esas personas no sabían, es que estas mujeres habían tenido una experiencia espiritual, que era el inicio de un nuevo tiempo, pues todos aquellos que habían seguido al Señor pensaron que se había acabado el tiempo de Jesús, ya que había sido asesinado injustamente; lo que ellos no sabían, era que Él había resucitado, y Su resurrección marcaría el inicio de un nuevo tiempo en la historia de la raza humana. ¡Cristo vive! y es salvación y esperanza para las naciones.

Muchas veces, nosotros tenemos la fe para un milagro, pero la pregunta que cabe hacernos aquí es: ¿Cuál va a ser nuestra reacción ante este milagro? La mujer del flujo de sangre no estaba pensando en tocar todo el manto del Señor, su fe era tal, que sabía que con sólo tocar el borde de Su manto ella iba a ser sana. Así que viene por detrás y toca el borde del manto del Señor, entonces, el poder de Dios la toca y se da cuenta que está sana. Debido al poder que salió de Él, Jesús dice: "¿Quién es el que me ha tocado?, y dice la Biblia, que la mujer temiendo y temblando, sabiendo lo que en ella había sido hecho, se postró delante de Jesús y le contó todo.

Muchos de ustedes sabrán: Si voy al servicio Dios me va a sanar, si llevo este paño Dios va a hacer un milagro, pero cuando venga el toque de Dios a tu vida, lo más seguro es que vas a temblar, vendrá sobre ti miedo y caerás de rodillas y dirás: "Señor mira lo que me está pasando".

Es tiempo de que te despiertes porque te va a alumbrar la luz de Cristo, están a punto de suceder cosas en el mundo espiritual que van a transformar por completo tu vida, y no puedes estar en una condición de adormecimiento. Muchas veces cuando observo esto en la Iglesia de Cristo, se me parece mucho a la visión que tuvo Tommy Hicks, la cual quiero compartir contigo a continuación:

Mientras los relámpagos iluminaban la superficie de la Tierra, bajé mis ojos. De pronto contemplé lo que parecía ser un gigante que miraba fijamente. Era inmenso, sus pies parecían tocar el polo norte y su cabeza el polo sur, sus brazos se estiraban de mar a mar. No sabía si era una montaña o un gigante. Al fin vi que era un gigante que luchaba por la vida, por vivir. Su cuerpo estaba cubierto de escombros de la cabeza a los pies y a intervalos movía su cuerpo y parecía que iba a incorporarse. Cuando lo hacía, miles de pequeñas criaturas escapaban de su cuerpo, espantosas criaturas que, cuando el gigante se aquietaba, regresaban a él.

De pronto este gigante levantó una mano hacia los cielos, y luego otra. Al hacerlo, estas miles de criaturas huían de él y desaparecían en la oscuridad y en la noche.

Lentamente comenzó a levantarse —y al hacerlo su cabeza y sus manos quedaron entre las nubes—. Cuando se puso de pie se desprendió de los escombros y de la suciedad que lo cubría y comenzó a levantar sus manos a los cielos, mientras alababa al Señor.

De pronto cada nube se volvió plata, la más hermosa plata que yo había visto jamás. El fenómeno era tan grandioso que no podía ni siquiera comenzar a comprender lo que todo ello significaba. Sumamente perturbado, lloré y dije: "Oh Señor, ¿qué significa esto?", y sentí como si realmente estuviera en el espíritu y en la presencia del Señor.

De pronto de aquellas nubes cayeron grandes gotas de luz líquida, llovía sobre el poderoso gigante y lentamente el gigante comenzó a fundirse como si penetrara en la Tierra misma. Mientras se disipaba su silueta, parecía fundirse sobre la faz de la Tierra. Esta gran lluvia comenzó a caer. Gotas de luz líquida comenzaron a inundar la misma Tierra. Repentinamente, el gigante que parecía fundido se transformó en millones de personas en todo el mundo. Mientras yo contemplaba la visión, esta gente se puso de pie, levantaban sus manos y alababan al Señor.

En ese momento vino un gran trueno que pareció rugir

desde los cielos. Dirigí mis ojos al cielo, y de pronto vi una figura de blanco resplandeciente —el ser más glorioso que yo haya visto jamás en toda mi vida—. No vi su rostro, pero de alguna manera supe que era el Señor Jesucristo. Él extendía su mano a uno y otro lado. Mientras lo hacía a pueblos y naciones, a hombres y mujeres, señaló hacia ellos y esta luz líquida pareció fluir de sus manos sobre la gente y una poderosa unción vino sobre ellos, y entonces comenzaron a salir en el nombre del Señor.*

Este gigante del que acabamos de leer, es la Iglesia de Jesús, que por ratos se levanta y los demonios huyen, pero en otras ocasiones cae con adormecimiento. Esto, es algo que no nos puede suceder a nosotros, no a la Iglesia del tiempo postrero, pues la promesa de Dios para nosotros es que cosas mayores veremos.

Yo recuerdo en el año 1995 cuando el Espíritu Santo nos visitó con risa, algunos no lo entendieron, no lo soportaron y se fueron, pero después de esto, fue cuando vino todo este tremendo avivamiento que hoy por la gracia de Dios tenemos, y ellos se lo perdieron. Hay quienes con cualquier excusa se van, menospreciando el plan de Dios para sus vidas y perdiendo así su bendición, por eso, es necesario que te abroches bien el cinturón de seguridad en este vuelo, pues si la Biblia lo dice, entonces, tenemos la certeza que es verdad. ¡Si Dios lo dijo, así es!

Moisés llevaba 40 años en el desierto de Madián, pastoreando las ovejas de Jetro su suegro, pero un día vio una zarza ardiendo que no se consumía, ante este inusual fenómeno, Moisés no resistió y tuvo que acercarse para poder averiguar más, pero él no tenía ni idea, de lo que

---

* Tomado del libro *Cómo sanar a los enfermos* de Charles y Frances Hunter, págs. 10–11.

iba a suceder segundos después, Dios mismo comienza a hablarle, y vemos en el capítulo 3 del Libro de Éxodo, que a Moisés le cogió temor y temblor, cayó de rodillas y cubrió su cabeza. Esta experiencia espiritual, era el anuncio de un nuevo tiempo para el pueblo de Israel.

¿Estás listo para vivir algo así? Cuando veas a alguien postrado en el suelo, que no quiere mirar, quizá digas: "Esta loco". Pues eso fue lo que le pasó a Moisés, no quería levantar su cabeza, porque tenía temblor y temor sobre su vida. Cuando el apóstol Pablo iba decidido a matar o encarcelar a los cristianos, el Señor Jesús se le aparece y una luz le resplandece en el camino, y él cae al suelo. Dice la Biblia que Pablo comenzó a temblar y preguntó: "¿Quién eres, Señor? Y le dijo: Yo soy Jesús, a quien tú persigues; dura cosa te es dar coces contra el aguijón" (Hechos 9:5), y en el versículo siguiente registra la Biblia que Pablo estaba temeroso y temblando.

Pues bien, esto es lo que vendrá para tu vida, una experiencia espiritual sobrenatural tan asombrosa que caerá sobre ti temor y temblor. ¿Estás listo? Pues bien, quizá te levantes en la mañana y estés haciendo tus oficios en casa, trabajando en la oficina, en tus estudios o a punto de ir a dormir, cuando de repente el Espíritu Santo te va a visitar y caerás al suelo y empezarás a temblar, pues será Dios anunciando un nuevo tiempo para tu vida y para tu familia; un nuevo tiempo de gran bendición.

En este nuevo tiempo, Dios enviará a tu vida, promesas que te harán reír, tal vez será una risa nerviosa que ni siquiera sabrás cómo expresar. Abraham había deseado un hijo durante toda su vida y Dios lo llamó a la edad de 75 años y le hizo una promesa, luego cuando tenía 80 años, Abraham tuvo un hijo con la criada, pues así lo habían acordado con su esposa Sara, quien era estéril; a este hijo le puso por nombre Ismael.

Años después, Dios se le aparece a Abraham, ya tenía 99 años y nuevamente le hace la promesa de darle una descendencia, entonces Abraham pensaba que esto tendría cumplimiento a través de Ismael, pero Dios le deja en claro que no se refería a él, y le dijo que tendría un hijo con Sara y se llamaría Isaac, que quiere decir "risa" y fue precisamente esa la reacción de Abraham ante la promesa de Dios, risa.

"Era Abram de edad de noventa y nueve años, cuando le apareció Jehová y le dijo: Yo soy el Dios Todopoderoso; anda delante de mí y sé perfecto. Y pondré mi pacto entre mí y ti, y te multiplicaré en gran manera. Entonces Abram se postró sobre su rostro, y Dios habló con él, diciendo: He aquí mi pacto es contigo, y serás padre de muchedumbre de gentes. Y no se llamará más tu nombre Abram, sino que será tu nombre Abraham, porque te he puesto por padre de muchedumbre de gentes. Y te multiplicaré en gran manera, y haré naciones de ti, y reyes saldrán de ti. Y estableceré mi pacto entre mí y ti, y tu descendencia después de ti en sus generaciones, por pacto perpetuo, para ser tu Dios, y el de tu descendencia después de ti" (Génesis 17:1–7).

En ese mismo año, unos meses más tarde, el Señor pasa por la tienda de Abraham junto con dos ángeles que fueron los que más adelante destruyeron Sodoma y Gomorra, y en esa visita Dios le dice a Abraham, que Sara su esposa en nueve meses le daría un hijo. Esta vez Abraham no se rio, pero su esposa que estaba detrás de la tienda escuchando la conversación, cayó de rodillas y empezó a reírse, no podía creer que una mujer de 90 años pudiera tener un hijo, entonces el Señor le dijo: "¿Por qué se ha reído Sara diciendo: ¿Será cierto que he de dar a luz siendo ya vieja? ¿Hay para

Dios alguna cosa difícil? Al tiempo señalado volveré a ti, y según el tiempo de la vida, Sara tendrá un hijo" (Génesis 18:13–14).

Así como este tal vez era un sueño muerto para Abraham y para Sara, en tu corazón hay bendiciones que deseaste aun cuando eras niño, pero que piensas que ya no es posible, que ya Dios no te las puede dar. Pero, así como en este pasaje, el día que menos te lo esperes, vendrá la promesa de Dios a tu vida y te reirás y dirás como Sara: "Quién diría que Dios me iba a dar esta bendición, quién diría que esto me iba a pasar a mí". Risa será lo que se oirá en tu casa, en tu oficina, en tu universidad, y preguntarán: ¿Por qué te ríes? Porque Dios te dio lo que habías pedido por años.

"Cuando Jehová hiciere volver la cautividad de Sion, seremos como los que sueñan. Entonces nuestra boca se llenará de risa, y nuestra lengua de alabanza; entonces dirán entre las naciones: Grandes cosas ha hecho Jehová con éstos. Grandes cosas ha hecho Jehová con nosotros; estaremos alegres" (Salmo 126:1–3).

Por causa de tu caminar con el Espíritu de Dios, tendrás en tu vida un milagro tan grande, que creerás que es un sueño, y pensarás: "Yo no creo que esto me esté pasando", te pellizcarás y dirás: "Yo creo que es un sueño", pues bien, a esto es a lo que se refiere la Palabra de Dios en el Salmo 126 cuando dice que seremos como los que sueñan.

Israel venía de 430 años de esclavitud, recibiendo menosprecio, azotes, injusticias, no vacaciones, no descansos y no libertad. Por generaciones habían sido esclavos, sus abuelos, sus padres, sus hijos, sus nietos, todos esclavos. De pronto, ocurre lo inesperado y se abre la puerta para la libertad, pero estando en el desierto, ven a los egipcios con sus jinetes, sus carros y sus espadas que venían directo a matarlos, así que todos se llenaron de miedo y comenzaron a llorar. Allí es cuando Dios, una vez más muestra Su poder a favor de ellos y abre el mar Rojo para que la nación pase en seco, una vez a salvo, el mar se cierra, matando de esta manera a todos los ejércitos egipcios. Dios los había librado de sus enemigos, para siempre. ¿Qué crees que hizo el pueblo? Comenzó a dar voces de júbilo.

"Porque Jehová redimió a Jacob, lo redimió de mano del más fuerte que él. Y vendrán con gritos de gozo en lo alto de Sion, y correrán al bien de Jehová, al pan, al vino, al aceite, y al ganado de las ovejas y de las vacas; y su alma será como huerto de riego, y nunca más tendrán dolor. Entonces la virgen se alegrará en la danza, los jóvenes y los viejos juntamente; y cambiaré su lloro en gozo, y los consolaré, y los alegraré de su dolor. Y el alma del sacerdote satisfaré con abundancia, y mi pueblo será saciado de mi bien, dice Jehová" (Jeremías 31:11–14).

Quizá tienes sobre ti uno que es más fuerte que tú, una enfermedad que es incurable, un matrimonio que es irrestaurable, una situación familiar que no se mejora con nada, deudas hasta el cuello, en fin, es más grande tu opresor que tus capacidades, pero el Señor dice que Él te va a librar, y entonces alabarás a Dios y vendrás a Su casa con voces de júbilo.

¿Has sido perseguido, criticado y escarnecido por causa de tu fe? Pues bien, debes saber que el Señor está anunciando para ti tal abundancia, que los de afuera entenderán que es por causa de Dios y correrán al bien de Jehová.

En el Libro de Hechos de los Apóstoles está el nacimiento de la Iglesia. Cuando Jesús vino a esta tierra hizo muchos discípulos, pero en la crucifixión la gente huyó dejándolo solo, luego vino la resurrección y Jesús estuvo con ellos muchos días compartiéndoles y dándoles la gran comisión. Pero les dio una última instrucción, que no se fueran de Jerusalén, sino que esperaran la venida del Espíritu Santo, "pero recibiréis poder, cuando haya venido sobre vosotros el Espíritu Santo, y me seréis testigos en Jerusalén, en toda Judea, en Samaria, y hasta lo último de la tierra" (Hechos 1:8).

Estos hombres atemorizados por causa de los judíos que procuraban su muerte, se escondieron en lo que conocemos como el aposento alto o cenáculo, éste, era el altillo de una casa vieja de Jerusalén, un lugar seguro al cual era difícil acceder. Y estando allí, diez días después de la ascensión del Señor, el Espíritu Santo entró en ese aposento con un estruendo tan fuerte, que la ciudad entera escuchando ese ruido, se agolpó a las puertas de esta casa, y estos hombres que se encontraban al interior, recibieron un bautismo en lenguas, hablando en idiomas que ellos no conocían.

Por aquellos días en Jerusalén, se estaba celebrando la fiesta de Pentecostés y había muchos visitantes de diferentes naciones, los cuales al verlos quedaron atónitos, pues hablaban en sus mismas lenguas, y eran en su mayoría gente sencilla, del vulgo. El juicio que emitió la gente al verlos, fue que estaban borrachos, a lo que Pedro poniéndose en pie, respondió: "Porque éstos no están ebrios, como vosotros suponéis, puesto que es la hora tercera del día. Mas esto es lo dicho por el profeta Joel: Y en los postreros días, dice Dios, derramaré de mi Espíritu sobre toda carne, y vuestros hijos y vuestras hijas profetizarán; vuestros jóvenes verán visiones, y vuestros ancianos soñarán sueños" (Hechos 2:15–17).

Estas 120 personas, estaban recibiendo un bautismo del Espíritu Santo de Dios. La gente pensaba que estaban ebrios, la gente decía que estaban locos, pero el resultado es lo que uno tiene que poner en una balanza, el fruto es lo que tiene que llevarnos a hacer un juicio. Pasaron de ser unos cobardes, a hablar con denuedo. Los que habían estado escondidos de los judíos, ahora hablaban al sanedrín y a todo el liderazgo judío sin miedo a los gobernantes. Estos hombres que eran temperamentales como Juan y Jacobo a quienes Jesús mismo apodó hijos del trueno, después de la venida del Espíritu Santo, cambiaron totalmente, el apóstol Juan se convirtió en el apóstol del amor. Fueron transformados en hombres valientes, que dieron su vida por la causa de Jesucristo.

Así como Pablo, como Juan, como Moisés y muchos otros grandes hombres de Dios en la Biblia que fueron totalmente transformados por una experiencia espiritual al tener un encuentro con Dios, una vez tú seas tocado por la Gloria de Dios y vivas una experiencia espiritual fuerte, no sólo serás transformado, sino que tu fe va a subir a niveles que jamás pensaste que pudiera subir y te vas a consagrar a Dios como nunca antes lo has hecho, pues cuando te encuentres cara a cara con la presencia de Dios, ¡Nunca serás el mismo!

Capítulo 8

CAMINANDO
CON DIOS

CUANDO CRISTO VINO a este mundo tomó de los judíos y de los gentiles, los salvó e hizo un nuevo pueblo, dándonos una nueva oportunidad, pues Él prometió caminar con nosotros, tal y como lo escribe Pablo: "Habitaré y andaré entre ellos, y seré su Dios, y ellos serán mi pueblo" (2 Corintios 6:16b). Así que, tenemos la promesa: ¡Dios caminará con nosotros!

Una de las cosas que tenemos que saber, es que ante Dios y Su grandeza no somos nada, y aunque Él no nos necesitaba, decidió crearnos para que tuviéramos comunión con Él. Dios no estaba solo y aburrido, por lo que dijo: "Voy a hacer al hombre para tener con quien conversar, con quien tener una relación". ¡No! Todo lo contrario. Agustín de Hipona, el teólogo más grande del primer milenio, trató de explicar la trinidad en "De Trinitate" diciendo que el Padre es quien ama y a quien ama es al Hijo, pues la escritura dice: "Este es mi hijo amado, en quien tengo complacencia" (Mateo 3:17), al que amó desde antes de la fundación del mundo, y el Espíritu Santo es a través de quien fluye este amor. Así que, ellos tenían comunión perfecta, no nos necesitaban, pero en Su voluntad, Dios decidió crearnos y tener comunión con nosotros.

"Y oyeron la voz de Jehová Dios que se paseaba en el huerto, al aire del día; y el hombre y su mujer se escondieron de la presencia de Jehová Dios entre los árboles del huerto" (Génesis 3:8). En este pasaje, vemos claramente que Dios tenía comunión con el hombre, pues se paseaba en el huerto, no era algo esporádico, sino que era una rutina, algo que Él solía hacer. Pero un día, Adán y Eva pecaron, y cuando Dios vino al huerto como de costumbre a pasearse, no los encontró, pues ellos se habían escondido. Ya no había esa comunión, y a partir de ahí Dios no caminó más con ellos.

En los primeros capítulos del Libro de Génesis, está la genealogía de Adán, allí se nombra a varios de sus descendientes, mencionando a qué edad los concibieron sus padres, cuantos años vivieron y el hijo que los sucedió. Pero en la Biblia, se hace un énfasis especial en uno de ellos: Enoc, resaltando que él caminó con Dios. Esta era una virtud que debía ser registrada en la palabra de Dios: "Vivió Enoc sesenta y cinco años, y engendró a Matusalén. Y caminó Enoc con Dios, después que engendró a Matusalén, trescientos años, y engendró hijos e hijas. Y fueron todos los días de Enoc trescientos sesenta y cinco años. Caminó, pues, Enoc con Dios, y desapareció, porque le llevó Dios" (Génesis 5:21–24).

Luego, vino una generación perversa, y a causa de esto, Dios quiso destruir la tierra: "Y se arrepintió Jehová de haber hecho hombre en la tierra, y le dolió en su corazón" (Génesis 6:6–7), en ese momento surgió otro hombre, Noé, el cual era diferente: "Pero Noé halló gracia ante los ojos de Jehová. Estas son las generaciones de Noé: Noé, varón justo, era perfecto en sus generaciones; con Dios caminó Noé" (Génesis 6:8–9). Gracias a esa comunión que tenía con Dios, fue librado del juicio junto con su familia: "Mas estableceré mi pacto contigo, y entrarás en el arca tú, tus hijos, tu mujer, y las mujeres de tus hijos contigo" (Génesis 6:18).

Después aparece Abraham, a quien Dios le da la orden de salir de su lugar e ir a la tierra que Él le mostraría, pero lo que realmente queremos resaltar de este patriarca de la fe, es que a lo largo de su vida, es claro que él caminó con Dios y fue guiado por Él hacia la bendición. En el pasaje en el cual Abraham envía a su siervo para buscarle esposa a su hijo Isaac, podemos corroborar esto: "Jehová, en cuya presencia he andado, enviará su ángel contigo, y prosperará tu camino; y tomarás para mi hijo mujer de mi familia y de la casa de mi padre" (Génesis 24:40). Debido a esta comunión que Abraham tuvo con Dios, el Señor decidió levantar un pueblo de su descendencia, con el cual Él pudiera caminar, y a los cuales les prometió que les daría una tierra de bendición, la tierra prometida. Pero ahí no termina todo, pues Él no los envió solos con una orden o decreto para reclamar la tierra, sino que Él mismo los acompañó durante toda su travesía hasta que pudieron poseer la tierra prometida. ¡Dios quería caminar con Israel!

Pese a esto, la Biblia registra, que ellos lo resistieron: "Mas ellos fueron rebeldes, e hicieron enojar su santo espíritu; por lo cual se les volvió enemigo, y él mismo peleó contra ellos" (Isaías 63:10). El Salmo 81 habla de esta rebelión, así como lo que Dios les hubiera concedido si hubieran caminado con Él: "Oye, pueblo mío, y te amonestaré. Israel, si me oyeres, no habrá en ti dios ajeno, ni te inclinarás a dios extraño. Yo soy Jehová tu Dios, que te hice subir de la tierra de Egipto; abre tu boca, y yo la llenaré. Pero mi pueblo no oyó mi voz, e Israel no me quiso a mí. Los dejé, por tanto, a la dureza de su corazón; caminaron en sus propios consejos. ¡Oh, si me hubiera oído mi pueblo, si en mis caminos hubiera andado Israel! En un momento habría yo derribado a sus enemigos, y vuelto mi mano contra sus adversarios. Los que aborrecen a Jehová se le habrían sometido, y el tiempo de ellos sería para siempre. Les sustentaría Dios con lo mejor del trigo, y con miel de la peña les saciaría" (Salmo 81:8–16). Dios caminaba con Israel, hasta que le desobedecieron y se alejó de ellos.

Hasta aquí queda claro que Dios quiere caminar con nosotros, tenemos la promesa de que Él lo va a hacer, y quizá en tu corazón está ardiendo el deseo de caminar con Él, pero "¿Andarán dos juntos, si no estuvieren de acuerdo? (Amos 3:3)". Hay tres cosas que no puedes permitir en tu vida, porque de ser así, lo único que causarás es que el Espíritu de Dios se aleje de ti.

La primera son los deseos de la carne, Pablo habla específicamente de esto: "Digo, pues: Andad en el Espíritu, y no satisfagáis los deseos de la carne. Porque el deseo de la carne es contra el Espíritu, y el del Espíritu es contra la carne; y éstos se oponen entre sí, para que no hagáis lo que quisiereis. Pero si sois guiados por el Espíritu, no estáis bajo la ley. Y manifiestas son las obras de la carne, que son: adulterio, fornicación, inmundicia, lascivia, idolatría, hechicerías, enemistades, pleitos, celos, iras, contiendas, disensiones, herejías, envidias, homicidios, borracheras, orgías, y cosas semejantes a estas; acerca de las cuales os amonesto, como ya os lo he dicho antes, que los que practican tales cosas no heredarán el reino de Dios" (Gálatas 5:16–21). Así que, si quieres caminar con Dios, es necesario que tomes la firme decisión de dejarlas atrás, de hacer que mueran en tu vida, pues como ya lo leíste, todas ellas son contra el Espíritu. "Y dijo Jehová: No contenderá mi espíritu con el hombre para siempre, porque ciertamente él es carne" (Génesis 6:3).

Lo segundo que no puede estar presente en tu vida, es la incredulidad. Si hay algo que molesta a nuestro Dios, es un pueblo que no le crea. Hay algo que nos gusta mucho de nuestro equipo de trabajo en el Avivamiento y es que cuando Dios dice algo, saltamos de alegría, lo creemos y lo confesamos, hacemos *wallpapers* para los celulares, *stickers*, separadores, programas de radio y televisión; todos hablamos lo que Dios dijo; y cuando decimos que nos gusta, es porque sabemos que Dios camina con los que le creen y se aparta de los incrédulos. Esto es algo que vemos claro en los Evangelios, pues allí se registra que Jesús, cuando estuvo en esta tierra, no pudo hacer muchos milagros en Nazaret, el lugar donde creció, a causa de la incredulidad de ellos.

Si hoy decides caminar con el Dios todopoderoso, puedes tener la seguridad, que Él va a derrotar a todos tus enemigos, como lo son: la enfermedad, la ruina, lo que divide el hogar y destruye tu familia, lo que te roba los sueños, lo que quiere destruir tu alma y tu comunión con Dios. Y tú, ¿Qué debes hacer? "Creer". No es difícil creerle a Dios, por el contrario, es emocionante.

Recuerdo cuando Dios nos dijo que hiciéramos un servicio de milagros, no teníamos idea de cómo hacerlo, pues nunca lo habíamos hecho y ni siquiera habíamos asistido a uno. Pero si Dios nos estaba enviando, ¿por qué no iba a respaldarnos? Así que decidimos creerle. Alquilamos para el evento el Centro de Convenciones de Bogotá, el mejor lugar con el que contaba en ese momento la capital colombiana. Nuestra iglesia no superaba las 70 personas, sin embargo, allá llegamos, sin tener idea de nada, pero con una palabra que Dios nos había dado. Con Patty, vimos como las personas empezaron a llegar llenos de alegría y expectativa, mientras el lugar se llenaba en su totalidad, y te preguntarás ¿qué pasó? Bueno, lo único que puedo decirte sin entrar en detalles, es que Dios obró maravillosamente. Empezó nuestro ministerio de sanidad y milagros, porque dimos un paso en fe, sólo creyéndole a Él.

Imagínate la escena de un padre que llama a sus pequeños hijos y les dice: "Vamos a comprar helado". ¿Cuál crees que sería la reacción de estos niños? Acaso, ¿dudarían de su papá? o ¿te los puedes imaginar preocupados, buscando entre sus ahorros dinero suficiente para poder pagar los helados? Creo que tu respuesta es: ¡No! Lo más seguro después de esta invitación del padre, es que estos niños salten de alegría y acudan corriendo al llamado. Esto es lo mismo que debe suceder con nosotros. Si Dios te dice: "Voy a derrotar tus enemigos". ¿Por qué miras el tamaño de ellos?, si Él te dice: "Te voy a bendecir y te voy a introducir en la tierra de la bendición", entonces, ¿por qué miras tus bolsillos? Lo que Dios te está diciendo es que Él lo va a hacer, así que lo que tú debes hacer es saltar lleno de alegría y apropiarte de esa palabra y creerla, porque Dios lo dijo.

Para concluir este capítulo, queremos dejarte con la tercera cosa que no puedes permitir en tu vida, si quieres caminar con Dios y es la altivez. Eso es algo que debe quedarte muy claro, Dios no va a ir con el altivo. "Porque Jehová es excelso, y atiende al humilde, mas al altivo mira de lejos" (Salmo 138:6). Quiero contarles algo que nos pasó con Lina, nuestra hija mayor; ella siempre ha sido muy hermosa, Dios la hizo así; pero cuando estaba pequeña, era tan altiva que nos hacía sentir a los demás, más pequeños que ella, de hecho, Alejandro, nuestro hijo, era su víctima principal. Nosotros siempre la disciplinábamos, intentando quitar esa arrogancia de su corazón, pero parecía que nada funcionaba; hasta que un día, yo le dije algo que con certeza golpeó en su espíritu. Ese día, estaba tan enojado con ella porque hacía sentir tan mal a las personas, que cuando ella se me acercó, le dije: "No, Lina. No quiero que estés acá junto a mí", y ella preguntó: ¿Por qué? A lo que le respondí: "Porque la Biblia dice que Él mira de lejos a los altivos, así que si tú estás aquí, el Señor va estar por allá, y yo quiero estar allá, con Él. ¡No quiero estar contigo, porque eres una altiva!". Ella se puso pálida, y les puedo asegurar que desde ese momento cambió su actitud hacia los demás. Ella entendió lo que Dios dice en Su palabra: "Yo habito en la altura y la santidad, y con el quebrantado y humilde de espíritu, para hacer vivir el espíritu de los humildes, y para vivificar el corazón de los quebrantados" (Isaías 57:15).

Recapitulando, ya vimos que Dios no va a caminar con los que den lugar a la carne, con los que no le crean, ni con los altivos. Pero ahora surge una última pregunta: ¿Qué debemos hacer para caminar con Dios? La respuesta es sencilla: ¡Buscarle! Dios quiere caminar con los que le buscan.

Cuando lees la historia de David, podrás ver claramente que Dios peleaba por Él y le daba victoria sobre sus enemigos, pero también son visibles ciertas claves, las cuales nos indican que él buscaba al Señor; vayamos por un momento a este pasaje de la Escritura, que dice: "En cuanto a mí, a Dios clamaré; y Jehová me salvará. Tarde y mañana y a mediodía oraré y clamaré, y él oirá mi voz" (Salmo 55:16–17). Tres veces al día oraba David.

Vamos ahora a la vida de Daniel, él también era un buscador incansable del Señor, y por eso Él peleaba a su favor. Daniel sobrevivió al reinado de Nabucodonosor, al de Belsasar y al de Darío, no importaba quien estuviera en el trono, Dios le daba gracia, favor y sabiduría en todo lo que él hacía. ¿El secreto? "Cuando Daniel supo que el edicto había sido firmado, entró en su casa, y abiertas las ventanas de su cámara que daban hacia Jerusalén, se arrodillaba tres veces al día, y oraba y daba gracias delante de su Dios, como lo solía hacer antes" (Daniel 6:10). La búsqueda de Dios, era la clave del éxito de Daniel, pues él oraba también, tres veces al día.

Vamos a ver un último ejemplo. En el evangelio de Lucas, está la historia de un hombre que era muy pequeño, pero también muy rico y poderoso, se llamaba Zaqueo. Él era un hombre publicano, pero cuando oyó hablar que Jesús venía, Zaqueo dejó de lado su poder e influencia, y se metió entre la multitud para poder ver a Jesús. Como era pequeño, por más que saltaba no lograba verlo, así que hizo algo que nadie había hecho, corrió y se subió a un árbol para poder verlo cuando pasará por debajo de este. Llegó el momento, Jesús se acercaba, y con Él un gentío que gritaba y buscaba tocarlo; de repente, Jesús se detuvo, alzó la mirada y le dijo: "Zaqueo, date prisa, desciende, porque hoy es necesario que pose yo en tu casa" (Lucas 19:5). ¿Qué hizo que Jesús se detuviera y morara en su casa? La actitud de Zaqueo, el hambre que este hombre tenía de Dios y su búsqueda incansable.

Debes saber que Dios está buscando a alguien que al igual que David, Daniel y Zaqueo, tenga hambre y sed de

Él, uno que lo busque incansablemente y con desesperación, hasta que cautive Su corazón. Así que, si en tu interior está ardiendo este deseo, si estás dispuesto a ser esta persona que Dios está demandando de ti, entonces, ¡prepárate! Porque Él tiene una gran promesa para ti: "Caminaré contigo y moraré en tu casa".

Capítulo 9

EL VALOR DE
SU PRESENCIA

COMENZAREMOS ESTE CAPÍTULO contándoles un poco lo que ha ocurrido con nuestro ministerio. Pasados unos días del servicio en el que el Espíritu Santo nos visitó, íbamos a celebrar el Viernes Santo en la iglesia, pero en Colombia la Semana Santa es sinónimo de lluvia y justamente ese viernes el aguacero fue torrencial. La iglesia estaba ubicada en un local que daba directo a la calle sin ninguna protección, por lo que el agua se entró y tuvimos que barrer y secar todo para que el servicio se pudiera dar, además, debido a esto nos quedamos sin luz y nos tocó colocar un carro con las luces encendidas apuntando hacia adentro de la iglesia, para lograr vernos. Así era nuestra iglesia, teníamos dificultades de todo tipo incluidas las económicas y en esta ocasión en particular otro factor añadido: el frío bogotano.

Unos días después de este servicio, el Señor nos proveyó para instalar una división en vidrio que aislaba del frío de la calle y el agua en caso de lluvia; para nosotros era la iglesia más lujosa que podía existir. Luego fueron llegando poco a poco instrumentos como la batería y el primer sistema de sonido; estábamos viendo al Señor proveer cada cosa que se necesitaba y en menos de tres meses habíamos impactado el mundo cristiano de la ciudad e hicimos nuestro primer servicio de milagros en el Centro de Convenciones en nuestra ciudad, del que ya les hablamos con un poco más de detalle en el capítulo anterior. Pero aquí, lo que queremos resaltar, es que todo esto ocurrió únicamente por la presencia del Señor.

Ahora, también tenemos que decirte que al tiempo que en nuestra iglesia ocurría todo este glorioso mover del Espíritu Santo, un grupo de pastores de la ciudad que tenían el dominio sobre las estaciones de radio cristianas, resistieron lo que el Señor estaba haciendo. Ellos no entendieron y prefirieron la tradición, antes que seguirlo a Él. Hoy muchos de ellos vienen a nuestra iglesia y reciben lo que Dios está haciendo, pero en esa época, no fue así.

Con el pasar del tiempo todo ha cambiado, incluso, hace un par de años, un grupo de periodistas de la CNN en inglés vinieron a conocer la iglesia para poder escribir una nota acerca del impacto que está causando en el mundo lo que Dios hace aquí en Colombia. Lo que pasa en nuestra reunión de fin de año "Avivamiento al parque", la más grande que tiene el continente, en la cual nos reunimos para dar gracias al Señor por el año que hemos vivido y para presentar nuestras peticiones para el año que está por empezar. Este evento ya se ha vuelto noticia también en los medios de comunicación, incluso muchos pastores y ovejitas del mundo entero asisten, esperando la palabra profética que allí se desata para el siguiente año. Con toda certeza les decimos que lo que ocurre en esta reunión, es consecuencia de la presencia de Dios en medio de Su pueblo, es el Espíritu Santo quien se mueve en ese lugar.

Ahora, analicemos un poco lo sucedido en el Libro de

Éxodo; allí vemos que el Señor sacó al pueblo de Israel de la esclavitud de Egipto y sobre los egipcios cayeron las diez plagas, además, Él hizo que Su pueblo atravesara el mar Rojo y acabó con sus enemigos, para luego introducirlos en la tierra que les había prometido. Pero en el capítulo 19 del mismo libro, días antes de que el Señor le diera la ley a Israel, había hablado a Moisés en el desierto del Sinaí y le dijo que una Nube densa vendría sobre él y que le creerían para siempre. En realidad, cuando está hablando de la Nube, se está refiriendo a la presencia de Dios. Es decir, que no se trataba de los milagros o las señales, sino que gracias a la presencia de Su Espíritu Santo, ahora el pueblo oiría a Moisés y le creerían que fue enviado por Dios. Ahora veamos el ejemplo de Juan el Bautista. Él no conocía quien era Jesús en realidad, pero sabía que sobre aquel sobre el cual el viera descender al Espíritu Santo, esa persona era el Mesías.

Dios siempre le ha dado un valor singular a Su presencia, pero lastimosamente, en muchas congregaciones se ignora esta verdad. Ahora, vayamos juntos por un momento a la Biblia y leamos los siguientes pasajes:

"Profecía sobre Egipto. He aquí que Jehová monta sobre una ligera nube, y entrará en Egipto; y los ídolos de Egipto temblarán delante de él, y desfallecerá el corazón de los egipcios dentro de ellos" (Isaías 19:1).

"En aquel tiempo habrá altar para Jehová en medio de la tierra de Egipto, y monumento a Jehová junto a su frontera. Y será por señal y por testimonio a Jehová de los ejércitos en la tierra de Egipto; porque clamarán a Jehová a causa de sus opresores, y él les enviará salvador y príncipe que los libre. Y Jehová será conocido de Egipto, y los de Egipto conocerán a Jehová en aquel día, y harán sacrificio y oblación; y harán votos a Jehová, y los cumplirán. Y herirá Jehová a

Egipto; herirá y sanará, y se convertirán a Jehová, y les será clemente y los sanará. En aquel tiempo habrá una calzada de Egipto a Asiria, y asirios entrarán en Egipto, y egipcios en Asiria; y los egipcios servirán con los asirios a Jehová. En aquel tiempo Israel será tercero con Egipto y con Asiria para bendición en medio de la tierra; porque Jehová de los ejércitos los bendecirá diciendo: Bendito el pueblo mío Egipto, y el asirio obra de mis manos, e Israel mi heredad" (Isaías 19:19–25).

En esta lectura, vemos cómo Dios le revela a Su pueblo el secreto de un avivamiento, parafraseando el texto, Jehová vendrá en una pequeña nube y entrará en Egipto y los demonios temblarán y serán levantadas iglesias en Egipto y los egipcios honrarán a Dios con sus ofrendas y clamarán y Dios los librará, más aún, Dios llama a Egipto como Su hijo. En mi experiencia te lo puedo decir: No existe otra forma de conseguir un avivamiento, ¡No la hay! Sólo la presencia de Dios tiene tal trascendencia, que transforma vidas y naciones enteras.

¿Recuerdan que hablamos en un capítulo anterior de Obed-edom, y de cómo Dios prosperó todo en su vida y en su casa, a causa del Arca de Dios?, bueno, pues ahora quiero hablarles de sus hijos: "Los hijos de Obed-edom: Semaías el primogénito, Jozabad el segundo, Joa el tercero, el cuarto Sacar, el quinto Natanael, el sexto Amiel, el séptimo Isacar, el octavo Peultai; porque Dios había bendecido a Obed-edom. También de Semaías su hijo nacieron hijos que fueron señores sobre la casa de sus padres; porque eran varones valerosos y esforzados. Los hijos de Semaías: Otni, Rafael, Obed, Elzabad, y sus hermanos, hombres esforzados; asimismo Eliú y Samaquías. Todos éstos de los hijos de Obed-edom; ellos con sus hijos y sus hermanos, hombres robustos y fuertes para el servicio; sesenta y dos, de Obed-edom" (1 Crónicas 26:4–8). Sólo tres meses estuvo el arca de Dios en casa de Obed-edom, pero este corto tiempo fue suficiente para que su vida y la de sus generaciones fueran transformadas por completo. Por eso, si tú permites que la presencia de Dios venga a tu vida, podemos asegurarte que tus generaciones serán bendecidas.

Vayamos al día en que nació Jesús. ¿Qué dice la Biblia? Bueno, pues allí registra que los ángeles cantaban ¡se activó el mundo espiritual! Y reyes de otras naciones vinieron con ofrendas de oro, incienso y mirra. El impacto de este nacimiento hizo que los ancianos y profetas vinieran al templo a profetizar sobre nuestro Salvador. Dios mueve todo cuando Él está presente. ¡Donde Él está, ahí está la bendición!

Mientras escribo estas líneas, surge dentro de mi corazón una gran angustia, y es que tú que estás leyendo este libro, no puedas comprender el incalculable valor de la presencia de Dios, y ¿sabes por qué? Porque cuando la menospreciamos, viene muerte. Para esto, queremos hacer una pausa y traer a colación la historia de Uza: "Cuando llegaron a la era de Nacón, Uza extendió su mano al arca de Dios, y la sostuvo; porque los bueyes tropezaban. Y el furor de Jehová se encendió contra Uza, y lo hirió allí Dios por aquella temeridad, y cayó allí muerto junto al arca de Dios. Y se entristeció David por haber herido Jehová a Uza, y fue llamado aquel lugar Pérez-uza, hasta hoy" (2 Samuel 6:6–8). Uza se había acostumbrado tanto a la presencia de Dios, que para él era un mueble más y no dimensionó que era Dios mismo que caminaba allí entre ellos.

Durante nuestro ministerio, hemos visto en muchas oportunidades esto mismo; quienes han sido duros en sus palabras y acciones hacia nosotros por causa de la predicación de la presencia de Dios, han muerto, espiritualmente hablando, pues sus vidas, familias y ministerios, se han secado. Además, debes saber que el menosprecio en el corazón hacia la presencia de Dios, causa esterilidad. Este fue el caso de Mical en 2 Samuel 6, cuando vio al rey David danzando delante de Jehová y lo menospreció en su corazón, y dice la Biblia: "Y Mical hija de Saúl nunca tuvo hijos hasta el día de su muerte" (2 Samuel 6:23). Esto mismo es lo que le sucede a muchas vidas y ministerios, se vuelven "estériles" y nada de lo que hagan, por más que se esfuercen, fructifica. Todo por haber menospreciado al Espíritu Santo.

Antes de ser llamados al ministerio, nos congregábamos en una iglesia, en la cual la gloria de Dios fluía, pero ellos decidieron seguir las ideas políticas y las estrategias de números para crecer; entonces, cuando íbamos a la iglesia, ya no había unción, ya no podíamos recibir, salíamos más secos de lo que entrábamos y eso era algo que realmente me molestaba. Por esto, iba a mi lugar de oración y le preguntaba al Señor: ¿Por qué no recibo?, pues revisaba mi vida y no entendía lo que sucedía, mi vasija estaba vacía.

Pasaron los años y volvimos a hablar con las personas de ese ministerio; ellos nos dijeron que en aquella época tenían un avivamiento, pero estaban muy desordenados y que por eso habían hecho cambios en la iglesia. Algo así como decir: "Espíritu Santo eres muy desordenado, déjanos organizar todo, nosotros sabemos cómo hacerlo". ¡Allí lo entendimos! Por boca de ellos mismos, por fin comprendimos que era lo que había pasado, ellos dejaron la gloria de Dios para seguir un método; esa era la razón por la que salíamos con nuestras vasijas vacías.

Ahora, veamos la diferencia cuando vamos a un

servicio, en el cual la presencia de Dios es valorada: salimos con nuestras vasijas rebosando y vamos felices a nuestras casas. Si valoramos la presencia de Dios, siempre habrá para nosotros aguas de vida, pero si la menospreciamos, estaremos secos.

Por eso, nosotros en nuestras vidas, familia y ministerio, hemos aprendido el valor incalculable de la presencia de Dios y haremos siempre todo lo que esté a nuestro alcance por cuidarla y nunca menospreciarla, pues no queremos perderlo a Él.

Capítulo 10

TIEMPO Y OPORTUNIDADES

LOS AGRICULTORES TIENEN un tiempo exacto en el cual sembrar la semilla, pero así mismo saben cuándo la tierra está lista y es tiempo de recoger la cosecha. Entonces, cuando esto sucede, el agricultor no puede decir: "En esta ocasión no recojamos, vámonos de vacaciones y en un par de meses al regresar, entonces segaremos", pues si así lo hiciera, perdería la cosecha. Ahora bien, tampoco puede hacerlo antes de tiempo, porque entonces, aún no estaría madura e igual se echaría a perder. Hay un punto exacto en el cual el agricultor debe recoger la siega, y eso es lo que entendemos como el tiempo oportuno.

En la Biblia cuando leemos acerca del tiempo, al ir al griego y veremos que hay un tiempo que es "krónos" y otro que es "kairós". El primero, hace referencia al tiempo cronológico, la duración o cantidad de tiempo, mientras que "kairós" se refiere a la calidad de tiempo al significado, es lo que entendemos como el tiempo oportuno de Dios.

Leamos juntos el siguiente pasaje: "Mirad, pues, con diligencia cómo andéis, no como necios sino como sabios, aprovechando bien el tiempo, porque los días son malos" (Efesios 5:15-16). Este mismo pasaje en la Nueva Biblia al

Día, dice: "Así que tengan cuidado de su manera de vivir. No vivan como necios sino como sabios, aprovechando al máximo cada momento oportuno, porque los días son malos". En este pasaje que acabamos de leer, está la palabra "kairós" cuando dice: "aprovechando bien el tiempo", es decir, aprovechando bien el momento oportuno de Dios, el "kairós" de Dios.

Entendiendo esto, debes saber que Dios se mueve en tiempos preparados por Él ("kairós"), es decir, el tiempo favorable de Dios, un tiempo que Él ha establecido a tu favor, y si tú no entras, entonces perderás la oportunidad de bendición para tu vida.

Hay momentos en los que viene hambre a la tierra, pero para ti como parte del pueblo de Dios no son tan malas noticias, pues en medio del hambre de los pueblos, Él cuida de Sus hijos y les da abundancia. Testimonios de esto hay muchos en la Biblia, uno de ellos es el caso de la viuda de Sarepta de Sidón, a la cual, en tiempos de escasez, nunca le faltó la harina, ni el aceite; otro ejemplo, lo vemos con el profeta Elías, cuando no llovió por largo tiempo y Dios mismo envió unos cuervos para que le trajeran pan en la mañana y carne en la noche. Tenemos además el caso de la sunamita, a quien Dios por boca del profeta Eliseo le advirtió que venían tiempos de hambre, para que se fuera a vivir a otra tierra y estando allí le proveyó todo, pero además, al regresar le devolvió todo lo que le pertenecía, Él había guardado lo que era suyo. Así que, como hijo de Dios, tú no tienes que temer a los tiempos de hambre, porque Dios va a cuidar de ti.

Cuando es tiempo de guerra, entonces debemos ponernos el uniforme, ser guerreros e ir a pelear; cuando hay tiempo de paz, entonces es tiempo de edificar; cuando es tiempo de avanzar, debemos hacerlo y si Dios dice que estemos quietos, entonces no nos moveremos. El Libro de Eclesiastés habla de estos tiempos:

"Tiempo de nacer, y tiempo de morir; tiempo de plantar, y tiempo de arrancar lo plantado; tiempo de matar, y tiempo de curar; tiempo de destruir, y tiempo de edificar; tiempo de llorar, y tiempo de reír; tiempo de endechar, y tiempo de bailar; tiempo de esparcir piedras, y tiempo de juntar piedras; tiempo de abrazar, y tiempo de abstenerse de abrazar; tiempo de buscar, y tiempo de perder; tiempo de guardar, y tiempo de desechar; tiempo de romper, y tiempo de coser; tiempo de callar, y tiempo de hablar; tiempo de amar, y tiempo de aborrecer; tiempo de guerra, y tiempo de paz" (Eclesiastés 3:2–8).

Dios quiere que entendamos los tiempos en que estamos, para que podamos movernos adecuadamente en cada uno de ellos. Este es el caso de los apóstoles, pues ellos sabían cuando era el tiempo de morir, Pedro dijo: "He peleado la buena batalla, he acabado la carrera, he guardado la fe. Por lo demás, me está guardada la corona de justicia, la cual me dará el Señor, juez justo, en aquel día; y no sólo a mí, sino también a todos los que aman su venida" (2 Timoteo 4:7–8).

Si entendemos los tiempos y nos movemos en ellos, vamos a prosperar, a avanzar, a conquistar y a ensanchar nuestro territorio. Todo lo que tú hagas en el momento oportuno, en el kairós de Dios, estará bien, pero lo que hagas fuera de ese tiempo, será fracaso aflicción para ti.

Esto nos sucedió en 1993, ¿recuerdas que te contamos que Dios nos envió a hacer un servicio de milagros, cuando no teníamos ni idea de cómo hacerlo? Pues bueno, lo hicimos por obediencia, porque le creímos a Dios, pero también porque sabíamos que estábamos en un nuevo "kairós", el Espíritu Santo estaba visitando la iglesia y era claro que algo nuevo estaba sucediendo. Por eso, fuimos al centro de convenciones e hicimos el primer servicio de milagros y fue extraordinario; luego hicimos el segundo, y a la mitad del servicio tuvimos que rentar otro salón, pues la gente no cabía, pero cuando íbamos a hacer la tercera reunión, sucedió algo que no nos esperábamos, el Espíritu Santo comenzó a advertirnos que era tiempo de parar. ¿Detenernos? Yo no quería hacerlo, veníamos de fracaso en fracaso, de tiempos de mucho esfuerzo y poco fruto, y por primera vez veíamos cómo Dios traía a cientos a oír Su palabra. No queríamos parar, así que hicimos esta tercera reunión, pero ya el centro de convenciones no estaba disponible en la fecha planeada, así que tuvimos que tomar otro día entre semana y la gloria de Dios no fue igual. Luego fuimos a un coliseo, pero la gloria tampoco era la misma. Después a otro más pequeño, donde sucedió lo mismo, hasta que por fin entendimos en nuestro espíritu que era tiempo de callar, fue el tiempo de meternos en nuestra iglesia y hacer silencio. Una señal de esto, fue que desde la tercera reunión empezaron los ataques, así que aprendimos que no podemos movernos fuera del tiempo de Dios.

Seguramente habrás leído o escuchado acerca de la historia de David, sobre sus grandes conquistas y cómo avanzó. Pero hubo para la nación un tiempo de guerra y él no se movió en ese "kairós", sino que se quedó en su casa descansando, y ¿cuál fue el resultado que obtuvo? Aflicción. Mientras David estaba en su casa vio una mujer muy hermosa, llamada Betsabé, la codició y cayó en pecado con ella, y a partir de ahí se desencadenaron muchos problemas y momentos difíciles para David, todo por no entrar en el tiempo de Dios.

Otro ejemplo de lo que sucede cuando nos salimos de los tiempos de Dios, lo tenemos en el rey Josías; un rey profetizó a Jeroboam que en los días venideros Dios levantaría de la descendencia de David un joven llamado Josías, quien derribaría los altares que él había levantado en Israel. Pasaron cientos de años hasta que nació este Josías y fue puesto por rey en Judá. Entonces comenzó a tener tremenda bendición en Judá e Israel, la nación comenzó a arrepentirse; limpió el templo, encontró la Biblia, la enseñó, prosperó y derribó los altares, pero de pronto, vio una guerra en la que el rey de Egipto atacó al de Siria y él decidió entrar en esa guerra, y allí pereció. Era tiempo de restaurar la fe en Israel, de volver el corazón del pueblo a Dios, pero él se metió en la guerra, se movió en el tiempo equivocado y murió.

Lo que debes saber hoy, es que estamos parados en un "kairós" de Dios y aquel que se meta en este tiempo va a prosperar en gran manera, pero el que haga otra cosa va a encontrar fracaso a su alrededor, pues cuando tú te sales del tiempo oportuno de Dios, perecen todas las cosas. Si no entendemos los tiempos de Dios, podemos perderlo todo.

Cuando Jesús vino a esta tierra, era el tiempo que por miles de años Israel había anhelado. En los días de Abraham, de Moisés, de David y de los profetas, todos habían esperado al Mesías, y cuando por fin Él vino, era el "kairós" de Dios para salvación a Israel, ellos no lo entendieron y no entraron en ese tiempo oportuno de Dios. Es por eso que tú no puedes perderlo, si entiendes en qué tiempo estás y recibes la palabra que Dios te está entregando, te vas a sorprender, pues Dios opera sobrenaturalmente cuando fluimos en el "kairós" de Él.

Veamos el ejemplo de los judíos luego que estuvieron

cautivos en Babilonia por 70 años; Dios despertó el corazón de Ciro el rey de Persia y los envió junto con una ofrenda, a edificar la casa del Señor en Jerusalén. Luego, años después, el rey Artajerjes envió a Esdras junto con un grupo de judíos, para que hicieran esa casa del Señor y presentaran ofrenda. Pero cuando ellos regresaron a su tierra, encontraron todo quemado y comenzaron a construir sus casas, las arreglaron y las adornaron, pero a pesar de esto, había ruina y escases en toda la nación, todo era un caos. Entonces vinieron los profetas y les dijeron:

"¿Es para vosotros tiempo, para vosotros, de habitar en vuestras casas artesonadas, y esta casa está desierta? Pues así ha dicho Jehová de los ejércitos: Meditad bien sobre vuestros caminos. Sembráis mucho, y recogéis poco; coméis, y no os saciáis; bebéis, y no quedáis satisfechos; os vestís, y no os calentáis; y el que trabaja a jornal recibe su jornal en saco roto. Así ha dicho Jehová de los ejércitos: Meditad sobre vuestros caminos. Subid al monte, y traed madera, y reedificad la casa; y pondré en ella mi voluntad, y seré glorificado, ha dicho Jehová. Buscáis mucho, y halláis poco; y encerráis en casa, y yo lo disiparé en un soplo. ¿Por qué? dice Jehová de los ejércitos. Por cuanto mi casa está desierta, y cada uno de vosotros corre a su propia casa. Por eso se detuvo de los cielos sobre vosotros la lluvia, y la tierra detuvo sus frutos" (Hageo 1:4–10).

Ante este llamado, el pueblo reaccionó y se arrepintió, y cuando lo hicieron Dios les dijo: "Mía es la plata, y mío es el oro, dice Jehová de los ejércitos. La gloria postrera de esta casa será mayor que la primera, ha dicho Jehová de los ejércitos; y daré paz en este lugar, dice Jehová de los ejércitos" (Hageo 2:8–9). Vieron la bendición cuando se movieron en el tiempo de Dios.

Cuando los israelitas llegaron a la tierra prometida y pasaron el Jordán, se acabó el maná e hicieron un campamento en Gilgal y todos estaban felices, pues comían del fruto de la tierra. Algunos fueron a la guerra, conquistaron y consiguieron su propio territorio, pero los otros tenían miedo y se quedaron quietos en el campamento. Hasta que un día, Josué les dijo: "¿Hasta cuándo seréis negligentes para venir a poseer la tierra que os ha dado Jehová el Dios de vuestros padres?" (Josué 18:3). Ante esto, el pueblo reaccionó, se levantó, derrotó a sus enemigos y ganó territorio. Finalmente, la Biblia dice en Josué 21:45: "No faltó palabra de todas las buenas promesas que Jehová había hecho a la casa de Israel; todo se cumplió". Cuando es tiempo de conquista, no puedes quedarte escondido en tu casa, es tiempo de salir y poseer el territorio que Dios te ha dicho.

Tal vez estás cómodo, sentado y sin hacer nada, porque no sabes en qué tiempo estás, así que voy a decirte cual es el tiempo oportuno de Dios para nosotros en este momento y no tengo ni un por ciento de duda acerca de esto: ¡Es tiempo de buscar a Dios! Y si lo haces, Él mismo te llevará a la bendición y podrás alcanzar tus más grandes conquistas.

¿Sabes cuál era el secreto de los reyes de Israel, con el que prosperaban y avanzaban? Ellos buscaban a Dios con todo su corazón. La Biblia dice: "Me volví y vi debajo del sol, que ni es de los ligeros la carrera, ni la guerra de los fuertes, ni aun de los sabios el pan, ni de los prudentes las riquezas, ni de los elocuentes el favor; sino que tiempo y ocasión acontecen a todos" (Eclesiastés 9:11). Esto fue tal cual lo que Dios nos dijo en este tiempo: "A aquel que me busque, le voy a dar la ocasión". Así que hay una oportunidad guardada, pero sólo la encontrará el que busque a Dios con todo su corazón.

Los días de Ester eran tiempos malos para los judíos, pues eran cautivos, pero cierto día ocurrió algo inesperado; la reina Vasti se reveló contra el rey Asuero, por lo que la depusieron de su cargo y salieron a buscar una joven para que fuera esposa del rey. Mediante un concurso, hicieron una selección entre varias jóvenes, pero el favor de Dios estaba sobre Ester, así que fue la ganadora y el rey la tomó por esposa. Dentro del reino había un hombre malvado llamado Amán, el cual consiguió un edicto para matar a todos los judíos, Ester nunca había dicho que era judía, así que Mardoqueo, quien la había criado como hija suya, le dijo: "No pienses que escaparás en la casa del rey más que cualquier otro judío. Porque si callas absolutamente en este tiempo, respiro y liberación vendrá de alguna otra parte para los judíos; mas tú y la casa de tu padre pereceréis. ¿Y quién sabe si para esta hora has llegado al reino?" (Ester 4:13–14).

En otras palabras, le dijo: ¿No será que éste es el kairós de Dios para nosotros? Así que ella convocó a todo el pueblo a un ayuno, para luego presentarse delante del rey sin ser llamada, lo que podría costarle su propia vida. En ese momento empieza Dios a operar, pues el rey no podía dormir en la noche y se puso a leer las crónicas de los reyes, encontrando que Mardoqueo había protegido al rey de un intento de asesinato y no había recibido recompensa, así que envió a Amán para que lo honrara delante de todo el pueblo.

Cuando estás en el tiempo de Dios, Él cambia las circunstancias y opera a tu favor. Este Mardoqueo que estaba llorando y de luto por el edicto que exterminaría a su pueblo, ahora era llevado cabalgando con la ropa y la corona del rey, mientras que su enemigo tenía que pregonar: "Así se hará al varón cuya honra desea el rey". Finalmente, Ester entró en la presencia del rey, quien extendió su cetro sobre ella y le concedió su vida y la de su pueblo. Dios creó una oportunidad para librar al pueblo judío de sus enemigos y se la entregó a Ester porque ella se movió en el tiempo de Dios.

De igual manera, tú puedes prender el televisor y ver un panorama desalentador, malas noticias y el ambiente enrarecido. Pero debes saber que para ti vienen las oportunidades de Dios, por lo cual, deberás actuar como dice Pablo: "Aprovechando bien el tiempo, porque los días son malos" (Efesios 5:16). No lo olvides: ¡Tiempo y ocasión están a la puerta! No importa que estés como David cuidando unas pocas ovejas en Belén, pues, así como Dios orquestó todo para darle la ocasión y derrotar a Goliat, al igual, Dios tiene un tiempo y una ocasión para ti. Él mismo te va a crear oportunidades, tal como lo hizo con Mardoqueo y con David, y tú: ¡No las dejes pasar!

Para cerrar este capítulo quiero que me acompañes varios años atrás, cuando era niño. Nuestra familia no era cristiana, pero mi abuelo me enseñaba la Biblia, además estudié en un colegio religioso donde me enseñaron del Espíritu Santo. Tenía 8 años, y desde esa edad tenía pasión por Él, así que esperaba con ansias el día de la confirmación, pues me habían dicho que recibiría el Espíritu Santo; por fin llegó el tan esperado día y pasó el obispo dándonos a cada uno una palmada en la cara y diciendo: "Recibieron el Espíritu Santo". A pesar de que no pasó nada y no sentí ni recibí nada, había algo en mi interior, en mi espíritu me decía que Él era real.

Después de muchos años, me convertí al Señor deseando eso que tanto anhelaba desde niño, pero en estos inicios, junto con mi esposa no éramos muy constantes ni comprometidos con la iglesia. Pero debo confesar que esto cambió radicalmente un día en el que no fuimos y nos contaron que el Espíritu Santo había entrado en la reunión y Su gloria había llenado todo el lugar. ¿Puedes creerlo? Lo que tanto había esperado desde mi infancia y por inconstante me lo perdí. Todo mi ser se inundó de una profunda tristeza y desde ese día decidimos no volver a faltar a ningún servicio más, incluso Patty siempre decía que yo era el último en salir de la iglesia, y ¿sabes por qué? Porque estaba esperándolo a Él. Luego de ese día, tuvieron que pasar seis años antes de que el Espíritu Santo volviera, pero cuando lo hizo, ahí estaba yo, esta vez no perdí mi oportunidad, sino que por el contrario, lo retuve con todas mis fuerzas y hoy por Él, es que hoy tenemos un avivamiento.

Yo no sé cuál fue la oportunidad que perdiste, pues quizá cuando Dios pasó con tu bendición, estabas ocupado en otras cosas, quizá como David te encontrabas durmiendo en tiempo de guerra, o como Josías fuiste a la guerra cuando era tiempo de consagración. Sea cual sea tu caso, debes saber que hay buenas noticias del cielo para tu vida: "Dios tiene otra oportunidad para ti". No dejes pasar el tiempo, el "kairós" de Dios está a la puerta, pero hay una forma de descubrirlo y es buscando a Dios. Si lo haces, podrás tener la certeza que el Espíritu Santo te quitará el velo, te guiará y te hará saber cuál es la oportunidad para ti, Él mismo te guiará, te entregará tu bendición y te dirá: ¡Yo voy a pelear por ti!".

Capítulo 11

TIENES QUE RECUPERARLO

S I SIENTES QUE estás viviendo tiempos de sequía, pareciera como si el cielo estuviera cerrado para ti y corres desesperado, con angustia e inseguridad porque no hay presencia de Dios, sabes en tu corazón que has pecado contra Él, que lo contristaste y por eso por más que lo intentes no puedes oír Su voz, entonces tienes que hacer algo. Pues cuando Él calla, no son buenas noticias para ti, será el peor tiempo de tu vida, familia y generación, así que: ¡Tienes que recuperarlo!

Has pensado alguna vez, ¿cuál fue el momento más difícil en la vida de David? Tal vez, creerás que pudo ser tiempo en el que el rey Saúl lo persiguió a muerte y tuvo que dejar su familia y huir a la media noche, hasta que llegó a tierra de los filisteos y por miedo a que lo mataran, tuvo que fingirse loco y finalmente refugiarse en una cueva, pero no, ese no fue el peor momento en su vida. Luego, se le fueron uniendo muchos fracasados y tuvieron que huir entre los montes y el desierto, hasta que se establecieron en Siclag y allí Dios lo prosperó, hasta que cierto día los amalecitas los sitiaron, incendiaron el lugar, secuestraron a sus mujeres, sus siervos y todos sus bienes, pero ese tampoco fue su peor momento.

Puedes pensar entonces, que fue cuando su hijo Absalón lo traicionó y promoviendo una rebelión, buscaba asesinar a su propio padre; pero debo decirte, que este tampoco fue el peor momento en la vida de David. Entonces, ¿cuál fue? Bien, el peor momento de la vida de David fue cuando pecó, ese fue el año de la sequía para él. Debes saber que el peor tiempo para una generación, para una familia y para tu vida, no es la enfermedad, la muerte, la aflicción, el tormento, sino cuando Dios calla.

Por eso, el Salmo 32:3-5 dice: "Mientras callé, se envejecieron mis huesos en mi gemir todo el día. Porque de día y de noche se agravó sobre mí tu mano; se volvió mi verdor en sequedades de verano. Mi pecado te declaré, y no encubrí mi iniquidad. Dije: Confesaré mis transgresiones a Jehová; y tú perdonaste la maldad de mi pecado".

Fue en medio de su mayor aflicción, que David decide arrepentirse y clamar a Dios: "Ten piedad de mí, oh Dios, conforme a tu misericordia; conforme a la multitud de tus piedades borra mis rebeliones. Lávame más y más de mi maldad, y límpiame de mi pecado. Porque yo reconozco mis rebeliones, y mi pecado está siempre delante de mí" (Salmo 51:1-3). Más adelante, en este mismo pasaje, su oración se transforma, y clama a Dios, pues él sabía el valor que tenía Su presencia, y por eso más allá de cualquier privilegio que pudiera perder, lo que le preocupaba era perderlo a Él. "No me eches de delante de ti, y no quites de mí tu santo Espíritu. Vuélveme el gozo de tu salvación, y espíritu noble me sustente" (Salmo 51:11-12).

Kathryn Kuhlman, una de las evangelistas más ungidas durante los años 60 y 70, tenía presente el valor del Espíritu de Dios sobre una persona, por eso, cada servicio antes de subir a la plataforma para ministrar, oraba pidiendo al Señor: "No quites de mí tu Santo Espíritu", ella le decía al Señor que le quitara lo que Él quisiera, incluso que la dejara sola en un rincón, pero que nunca la dejara sin Su Presencia.

Volvamos a David. ¿Por qué crees que él clamaba insistiendo que el Espíritu de Dios estuviera con él? Esta es una oración muy singular, sobre todo, si tenemos en cuenta que David no tenía una Biblia como la que hoy tenemos; él no tenía el libro de los reyes, las crónicas o los profetas y mucho menos el Nuevo Testamento. Pero lo que David sí tenía, era la ley y la historia de los jueces, de hecho, conoció a Samuel el último juez. Seguramente había leído acerca de Sansón, quien fue lleno del Espíritu Santo desde que estaba en el vientre de su madre y cómo gracias a esa unción, era portador de una fuerza singular que le permitía vencer a los hombres por miles; tristemente, Sansón pecó revelando el secreto de su fuerza a una mujer filistea llamada Dalila, y a partir de ese momento, el Espíritu del Señor se apartó de él, perdió su fuerza, fue apresado, le sacaron los ojos y se convirtió en el hazmerreír de sus enemigos los filisteos. Por esto, David podía entender, que si el Espíritu de Dios se apartaba de él, los filisteos, los moabitas, los amonitas, los sirios y todos sus enemigos, vendrían para destruirlo. Él tenía claro, que si Dios apartaba Su Espíritu de sobre su vida, no tendría esperanza, por eso oraba tan fervientemente a Dios: "No quites de mí tu Santo Espíritu".

Por otro lado, David sirvió a Saúl y sabía que sobre él había estado la unción, pero así mismo era testigo de cómo la perdió. Recordemos que Saúl fue ungido por Samuel y tuvo grandes victorias para el pueblo de Dios, pero Saúl desobedeció en repetidas ocasiones al Señor, hasta que Su

Espíritu se apartó de él y entonces venía un espíritu malo que lo atormentaba; por esta causa, sugirieron traer al rey alguien que tocara el arpa, para que cuando lo hiciera, a causa de la adoración viniera la presencia del Señor y el espíritu malo se tuviera que ir, es entonces cuando traen a David: "Y Saúl envió mensajeros a Isaí, diciendo: Envíame a David tu hijo, el que está con las ovejas. Y tomó Isaí un asno cargado de pan, una vasija de vino y un cabrito, y lo envió a Saúl por medio de David su hijo. Y viniendo David a Saúl, estuvo delante de él; y él le amó mucho, y le hizo su paje de armas. Y Saúl envió a decir a Isaí: Yo te ruego que esté David conmigo, pues ha hallado gracia en mis ojos. Y cuando el espíritu malo de parte de Dios venía sobre Saúl, David tomaba el arpa y tocaba con su mano; y Saúl tenía alivio y estaba mejor, y el espíritu malo se apartaba de él" (1 Samuel 16:19-23). David vivió de cerca, lo que experimentó Saúl cuando el Espíritu de Dios se apartó de él, y vio que por más que Saúl clamara a través del profeta y del sacerdote, no había palabra del Señor para él. De todo esto, nos queda claro que no había nadie mejor que David, para entender lo que significaba perder al Espíritu Santo y por eso, es fácil entender la angustia que brotaba de su corazón, mientras realizaba su oración y clamor a Dios, pues cuando alguien pierde la presencia de Dios, pierde el brillo en su vida.

Nosotros, en todos estos años de ministerio, hemos conocido gente muy ungida que ha perdido al Espíritu Santo, hombres de Dios que cuando ministraban o hablaban, era casi imposible quitarles la mirada, porque se recibía mucho de Dios a través de ellos, pero luego, al compartir con ellos, nos damos cuenta ya no queda nada de eso, se convirtieron en hombres corrientes, sin vida y sin brillo y es muy triste ver cómo todo comienza a morir a su alrededor.

Veamos ahora lo que ocurrió con el pueblo de Israel en el desierto. Seguramente conoces la historia, pero vamos a contártela brevemente: Moisés enviado por Dios, se presentó al pueblo de Israel y el Señor comenzó a darles señales de Su poder, fue entonces cuando vinieron las diez plagas y después de esto, con mano poderosa, Dios los saca de la esclavitud en Egipto. Luego, Dios abrió el mar Rojo en dos para que Su pueblo pudiera pasar en seco, y los guiaba día y noche, con la nube y la columna de fuego, y en el desierto les envió pan del cielo y agua de la roca. Más adelante, al llegar al monte Sinaí, Dios le dice a Moisés que suba para encontrarse cara a cara con Él, mientras el pueblo esperaba abajo. Pasaron 40 días y Moisés no descendía, por lo que Israel comenzó a quejarse y pidieron a Aarón que les hiciera dioses para que los guiaran, petición ante la cual, Aarón construyó un becerro de oro y todo el pueblo comenzó a adorarlo. Debido a esto, Dios se enojó y les dijo que Su presencia no iría más con ellos: "Pero yo no subiré en medio de ti, porque eres pueblo de dura cerviz, no sea que te consuma en el camino" (Éxodo 33:3). ¿Imaginas lo que esto significaba para Israel? Un pueblo que tuvo la gloria de Dios entre ellos, ahora, debido a su desobediencia, la había perdido.

¿Y entonces? ¿Qué salida quedaba para ellos? Veamos lo que dijo David: "Mi pecado te declaré, y no encubrí mi iniquidad. Dije: Confesaré mis transgresiones a Jehová; y tú perdonaste la maldad de mi pecado" (Salmo 32:5), en este Salmo, David nos está dando el secreto, la llave, la puerta de entrada para recuperar la presencia de Dios: "El arrepentimiento", es un camino seguro y probado por generaciones, y esto fue precisamente lo que los israelitas hicieron, se arrepintieron de corazón y comenzaron a clamar a Dios. La nación entera estaba de luto porque Dios no iba a ir con ellos; así que Moisés hizo una tienda y la dejó fuera del campamento, no nos referimos al tabernáculo, sino a la tienda del encuentro con Dios, la cual el Señor mismo le había dicho que construyera, para que Él viniera y hablara con ellos allí.

Al poner esta tienda fuera del campamento, todo el que quisiera buscar al Señor debía salir e ir a "la tienda del encuentro" y clamar para que Su presencia regresara. Toda la nación acudía allí, unos iban temprano, otros al mediodía y otros antes del anochecer. Sucedía que cuando era Moisés el que iba a la tienda, la gloria del Señor descendía como una nube y Dios hablaba cara a cara con él, mientras que la nación entera miraba lo que ocurría y se postraban para adorar a Dios. Esto, conmovió el corazón de Dios al punto que dijo: ¡Basta!, "Mi presencia irá contigo, y te daré descanso" (Éxodo 33:14).

Recordemos ahora el caso de Nínive, cuando Jonás va y les anuncia que el Señor destruiría la ciudad, el pueblo entero entró en ayuno, se vistieron de silicio, rasgaron sus vestidos y clamaron a Dios, a lo que Él respondió perdonándolos, y no destruyó su nación. ¡Cuando hay arrepentimiento, hay una opción!

Leyendo 2 Crónicas 33, encontramos que el rey Manasés fue llevado a Babilonia por su pecado: "Y habló Jehová a Manasés y a su pueblo, mas ellos no escucharon; por lo cual Jehová trajo contra ellos los generales del ejército del rey de los asirios, los cuales aprisionaron con grillos a Manasés, y atado con cadenas lo llevaron a Babilonia. Mas luego que fue puesto en angustias, oró a Jehová su Dios, humillado grandemente en la presencia del Dios de sus padres. Y habiendo orado a él, fue atendido; pues Dios oyó su oración y lo restauró a Jerusalén, a su reino. Entonces reconoció Manasés que Jehová era Dios" (2 Crónicas 22:10–13). ¡El arrepentimiento hace que la presencia de Dios vuelva!

Cuando alguien se humilla y se postra ante Dios, logrará atraer Su presencia, provocará un avivamiento y se dará cumplimiento a lo que la Escritura en 2 Crónicas 14:7: "Si se humillare mi pueblo, sobre el cual mi nombre es invocado, y oraren, y buscaren mi rostro, y se convirtieren de sus malos caminos; entonces yo oiré desde los cielos, y perdonaré sus pecados, y sanaré su tierra".

Cuando la gloria de Dios viene, es Él mismo quien te introduce en la tierra de las promesas. Dios había decidido ir nuevamente con Israel, pero no contento con esto, les dio una tremenda promesa: "He aquí, yo hago pacto delante de todo tu pueblo; haré maravillas que no han sido hechas en toda la tierra, ni en nación alguna, y verá todo el pueblo en medio del cual estás tú, la obra de Jehová; porque será cosa tremenda la que yo haré contigo" (Éxodo 34:10). Recuerda esto, si hoy te arrepientes, clamas a él y decides recuperar Su presencia, entonces esta promesa es para ti: "Será cosa tremenda la que Dios hará contigo".

Aimee Semple McPherson, fue la fundadora de la Iglesia cuadrangular, y en su adolescencia, ella quería recibir el bautismo del Espíritu Santo, pero como era una estudiante de último año de colegio, no podía quedarse en la iglesia toda la noche a orar como solían hacerlo; pero cierto día, cayó una nevada tan fuerte, que todos tuvieron que quedarse dentro del lugar, así que aprovecharon para clamar para que Dios la bautizara con Su Espíritu Santo, el Señor respondió a su clamor y esa misma noche comenzó a hablar en nuevas lenguas.

Trasladémonos ahora a Los Ángeles, California; pues hay algo en particular que queremos contarles acerca del avivamiento de la calle Azusa. Los creyentes que vivían en el lugar, empezaron a encontrar en sus Biblias que había un bautizo prometido y cuya videncia era el hablar en otras lenguas, por lo cual comenzaron a clamar por ese bautizo. Se reunieron en una pequeña casa en la calle Bonnie Brae, en California, Estados Unidos, y dedicaron un cuarto para la búsqueda de Dios, este cuarto era como esa tienda de la que les hablamos que hizo Moisés, una tienda del encuentro con Dios. La gente entraba a esta habitación, comenzaban a clamar a Dios y de pronto se comenzaba a oír que alguien celebraba diciendo: ¡Lo recibí! ¡Lo recibí!, mientras se le escuchaba orar en otras lenguas. Ante esto, los demás asistentes seguían orando con más fuerza para poder recibirlo también.

El predicador en ese lugar era un hombre afrodescendiente y en esa época no le era permitido acceder a la educación, pero él había oído desde afuera de las aulas de clase del Seminario Bíblico, acerca del bautizo del Espíritu Santo, por lo que empezó a predicar sobre este asunto sin que él mismo fuera aún bautizado con las lenguas. Lo que este hombre hizo es increíble; él empezó a orar día y noche con la cabeza metida dentro de una caja hecha de madera, y cada vez que él oraba allí, empezaban a ocurrir milagros en la calle Azusa.

Algunas personas dicen, que muchas veces los bomberos acudieron al lugar porque se veía una llama que salía de la casa en la que oraban y otra que bajaba del cielo. Tommy Welchel por su parte, en su libro *They Told Me Their Stories* (Me contaron sus historias), hizo una recopilación de varios relatos de personas que fueron testigos oculares de lo que sucedió en la calle Azusa y cuenta cómo los niños que hicieron parte de este mover del Espíritu Santo veían una nube densa dentro del lugar, con la cual jugaban, mientras sus padres adoraban. Estas personas provocaron un avivamiento y allí en ese pequeño galpón con capacidad para unas 300 personas, comenzó lo que conocemos mundialmente como el movimiento pentecostal; les estamos hablando de algo que ocurrió hace más de cien años y aún tiene consecuencias.

Por su parte, en Gales, en el año 1904, todo comenzó con un joven de 26 años a quien el Espíritu Santo lo despertaba a las cuatro de la mañana y lo mantenía en oración por tres y cuatro horas, buscándolo, mientras sentía que la gloria de Dios estaba cara a cara con él; después de esto, descansaba un par de horas y empezaba sus labores. Esto le ocurrió por tres meses seguidos. Su pastor le dijo que fuera al instituto bíblico y al regresar a su ciudad, le prestaron la iglesia presbiteriana para empezar a hablarle a 16 jóvenes. El lunes siguiente fue por primera vez a dar su enseñanza, y el sábado ya era noticia nacional lo que estaba ocurriendo en aquel lugar; miles de personas acudían, por lo que las calles estaban llenas de gente día y noche, esperando que algunos salieran para poder así entrar a los servicios. Aquí tenemos entonces una segunda llave para atraer la presencia del Espíritu Santo: "Búsqueda de Dios".

La pregunta ahora es: ¿Por qué se acabó el avivamiento de la calle Azusa? Bueno, dicen los biógrafos que cuando William Seymour sacó la cabeza de aquella caja en la que oraba, se acabó el avivamiento. Cuando él abandonó la búsqueda, todo cesó. Y en Gales, ¿qué pasó? Era tan impresionante lo que ocurría allí, que hasta cerraron las cárceles porque no se cometían delitos en la ciudad. El avivador de Gales fue Evan Roberts, quien no paraba, las personas cercanas le decían que descansara, pero su respuesta siempre era: "Estoy fuerte", y lo estaba porque sentía el poder de Dios, pero descansar es necesario, es un mandato, y debido al arduo trabajo y a la falta de descanso, él no tuvo tiempo de buscar a Dios a solas y todo terminó; se acabó este gran avivamiento.

Yendo a la Biblia, vemos la exhortación que Dios le hace a la Iglesia de Éfeso: "Yo conozco tus obras, y tu arduo trabajo y paciencia; y que no puedes soportar a los malos, y has probado a los que se dicen ser apóstoles, y no lo son, y los has hallado mentirosos; y has sufrido, y has tenido paciencia, y has trabajado arduamente por amor de mi nombre, y no has desmayado. Pero tengo contra ti, que has dejado tu primer amor. Recuerda, por tanto, de dónde has caído, y arrepiéntete, y haz las primeras obras; pues si no, vendré pronto a ti, y quitaré tu candelero de su lugar, si no te hubieres arrepentido" (Apocalipsis 2:2–5). Este es un llamado a mantener siempre encendido el fuego por el Espíritu Santo, que las múltiples ocupaciones no hagan que pierdas la pasión por Dios, recuerda que si lo pierdes a Él, se acaba todo.

"Acuérdate, oh Jehová, de David, y de toda su aflicción; de cómo juró a Jehová, y prometió al Fuerte de Jacob: No entraré en la morada de mi casa, ni subiré sobre el lecho de mi estrado; no daré sueño a mis ojos, ni a mis párpados adormecimiento, hasta que halle lugar para Jehová, morada para el Fuerte de Jacob" (Salmo 132:1–5).

Como vemos en este pasaje, David no descansó hasta tener un lugar para Él, y más adelante, en este mismo capítulo vemos el pacto que el Señor le hizo a David: "De tu descendencia pondré sobre tu trono. Si tus hijos guardaren mi pacto, y mi testimonio que yo les enseñaré, sus hijos también se sentarán sobre tu trono para siempre. Porque Jehová ha elegido a Sion; la quiso por habitación para sí. Este es para siempre el lugar de mi reposo; aquí habitaré, porque la he querido. Bendeciré abundantemente su provisión; a sus pobres saciaré de pan. Asimismo vestiré de salvación a sus sacerdotes, y sus santos darán voces de júbilo. Allí haré retoñar el poder de David; he dispuesto lámpara a mi ungido. A sus enemigos vestiré de confusión, mas sobre él florecerá su corona" (Salmo 132:11-18). Todas estas promesas por hacer una tienda y buscar un lugar sin descanso para Dios.

Les hemos compartido a lo largo de este capítulo, dos llaves definitivas en el camino de traer la presencia de Dios. La primera: El arrepentimiento, "No quites de mí tu santo Espíritu" y la segunda: Buscar a Dios, levanta una tienda, separa un lugar para la búsqueda diaria de Dios. Ahora es tu oportunidad, es tu tiempo. Si un avivamiento nació en un cajón de madera, entonces, también puede nacer en tu estudio, en tu sala o debajo de tu cama.

Por eso, toma hoy la firme decisión de hacer un lugar para Dios y buscarlo a diario, pues sólo entonces, se acabarán en tu vida esos tiempos de sequía que estás viviendo, terminará la angustia y el desasosiego por no escuchar Su voz, Su gloria vendrá con poder y sabrás lo que es un avivamiento en tu vida, familia y ministerio. ¡Levanta una tienda para Él!

"Y me buscaréis y me hallaréis, porque me buscaréis de todo vuestro corazón" (Jeremías 29:13).

Capítulo 12

CAUSA QUE
ÉL VUELVA

QUEREMOS ABRIR ESTE capítulo con esta frase de Smith Wigglesworth: "Voy a llevarles a un lugar de insatisfacción donde nunca más estarán satisfechos, solo satisfechos con una satisfacción que no puede ser satisfecha". Nos gusta mucho esta frase, porque esta es la condición a la que Dios quiere llevarnos, en la cual, siempre queramos más y más de Él.

En la Biblia, se registra la historia de una mujer de Sunem, la cual era muy importante, y ella siempre que el profeta Eliseo pasaba por su ciudad, lo invitaba insistentemente para que fuera a su casa a comer, ella sabía que él era un hombre de Dios, por lo cual le hizo una petición a su esposo: "Yo te ruego que hagamos un pequeño aposento de paredes, y pongamos allí cama, mesa, silla y candelero, para que cuando él viniere a nosotros, se quede en él" (2 Reyes 4:10). Esa expresión "se quede", en el original significa que vuelva, que se desvíe y vuelva, causar que vuelva. Ella quería hacer una habitación al profeta, para causar que él volviera y se quedara.

Hay otro pasaje en la Biblia, en el que se usa la misma frase: "Si sois hombres honrados, quede preso en la casa de vuestra cárcel uno de vuestros hermanos, y vosotros id y llevad el alimento para el hambre de vuestra casa" (Génesis 42:19). Este es el pasaje en el que los hermanos de José vienen a Egipto por provisión para su familia y son acusados de ser espías, entonces José que los reconoció, los dejó ir con el alimento, pero dejó a uno de ellos cautivo. José hizo esto, para causar que ellos regresaran. Fue exactamente lo que hizo la sunamita; ella sabía que si hacían ese aposento para el profeta, él se iba a sentir obligado a ir y quedarse allí.

Veamos ahora la historia de Jairo el principal de la sinagoga, él salió al encuentro de Jesús y se postró ante Él, para clamarle que fuera a su casa porque su hija se estaba muriendo. Ese clamor de Jairo, causó que Jesús se desviara de su camino, fuera con él a su casa y resucitara a su hija, se dirigiera a casa de Jairo y resucitara a su hija.

Lo que queremos resaltar de estos tres pasajes, es que esto es lo mismo que ocurre cuando buscamos a Dios, si tú haces un aposento para Él, provocarás que cuando pase por tu casa, se quiera quedar. Es indispensable que lo hagas, necesitas hacer esto con Dios, lograr que Él se desvíe para estar contigo. Cuando lo buscas, lo estás forzando a venir.

Mira lo que dice el evangelio de Mateo acerca de la oración: "Mas tú, cuando ores, entra en tu aposento, y cerrada la puerta, ora a tu Padre que está en secreto; y tu Padre que ve en lo secreto te recompensará en público. Y orando, no uséis vanas repeticiones, como los gentiles, que piensan que por su palabrería serán oídos. No os hagáis, pues, semejantes a ellos; porque vuestro Padre sabe de qué cosas tenéis necesidad, antes que vosotros le pidáis" (Mateo 6:6-9). Dios sabe de qué cosas tenemos necesidad, Él conoce los deseos más profundos de tu corazón.

Regresemos por un momento a la historia de la sunamita, ella construye esa habitación para el profeta y encuentra una respuesta inesperada, pues Eliseo en agradecimiento le pregunta si puede hacer por ella, a lo que ella responde que no; pero el siervo del profeta recuerda que ella no tenía hijos, así que Eliseo le profetiza diciendo: "El año que viene, por este tiempo, abrazarás un hijo" (2 Reyes 4:16). Esto tal vez era ya un sueño muerto para ella, tanto así que ni siquiera se le ocurrió pedirlo, pero Dios que sabía el deseo de su corazón, se lo otorgó, porque ella hizo un aposento para el hombre de Dios. Así que si eres un buscador apasionado por Dios, prepárate porque estás a punto de recibir lo que deseas y que ni siquiera te has atrevido a pedirle al Señor.

Pero no creas que la historia de la sunamita termina ahí, hay para ella un segundo milagro. Tal como se lo profetizó Eliseo, ella tuvo un hijo, pero cierto día, mientras el niño estaba en el campo con su padre, tuvo un fuerte dolor de cabeza y murió repentinamente, así que ella corrió a buscar al profeta, el cual acudió a su llamado y al llegar, resucitó a su hijo. ¿Sabes por qué el profeta fue en esta ocasión? Porque sabía que en esta casa Él tenía un aposento, así que cuando buscas a Dios, causarás que Él venga a tu casa en medio de tus aflicciones y te dé el milagro que necesitas.

¿Recuerdas que en el capítulo 6 de este libro, te contamos acerca de cómo Dios advirtió a esta mujer sunamita del mal que iba a venir sobre la nación? Pues bien, ella vivió siete años en tierra de los filisteos, protegida del juicio que Dios envió sobre Israel. Pero pasado este tiempo, cuando terminó el tiempo de hambre, ella regresó a su nación, pero no tenía su casa ni sus tierras, pero nuevamente vemos la mano de Dios obrando a favor de ella:

"Y había el rey hablado con Giezi, criado del varón

de Dios, diciéndole: Te ruego que me cuentes todas las maravillas que ha hecho Eliseo. Y mientras él estaba contando al rey cómo había hecho vivir a un muerto, he aquí que la mujer, a cuyo hijo él había hecho vivir, vino para implorar al rey por su casa y por sus tierras. Entonces dijo Giezi: Rey señor mío, esta es la mujer, y este es su hijo, al cual Eliseo hizo vivir. Y preguntando el rey a la mujer, ella se lo contó. Entonces el rey ordenó a un oficial, al cual dijo: Hazle devolver todas las cosas que eran suyas, y todos los frutos de sus tierras desde el día que dejó el país hasta ahora" (2 Reyes 8:4–6).

¿Qué vemos aquí? Protección y restitución, todo por haber hecho un lugar para el profeta Eliseo. ¿No es maravilloso ver la forma en que Dios orquesta todo para bendecirnos? Pues bien, como te lo habíamos dicho, estamos en un "kairós", un tiempo para buscar a Dios, y para el que tome la decisión de entrar en este tiempo oportuno, recibirá de parte de Dios protección y restitución.

Ahora hablemos un poco acerca de nuestro ministerio, cuando nos decidimos a buscar al Señor con desesperación, fue cuando empezamos a ver que ocurrían maravillas; aunque siendo sinceros, en realidad no entendíamos lo que pasaba. Viajamos a los sitios donde hubo avivamientos, como es el caso de Pensacola, Toronto y Buenos Aires, pero algo muy peculiar nos sucedió cuando vistamos en 1994, la iglesia del pastor Benny Hinn en Orlando, Florida.

El evento se iba a realizar en la noche, pero como la llegada al lugar era un poco complicada, decidimos ir en la mañana para asegurar la ruta correcta para acceder al sitio. Al llegar, nos encontramos con Mark, el guardia de seguridad, quien muy amablemente nos dio un tour por todo el santuario; en medio del recorrido, comenzó a contarnos que un día él le había dicho a su pastor, que él quería tener todo lo que veía que había sobre su vida, a lo que el pastor Benny Hinn le respondió que efectivamente lo podía tener.

Pasaron dos semanas y este hombre volvió a decirle al pastor que quería tener lo que había sobre su vida, pero a diferencia de la primera vez, en esta ocasión la respuesta del pastor fue: "No lo vas a tener". Mark, un poco confundido y preocupado, le dijo a su pastor que no entendía porque le contestaba eso, si hace apenas dos semanas atrás le había asegurado que él también podía tener lo mismo, ¿por qué ahora su respuesta era que nunca lo iba a tener?, pero la respuesta de su pastor en esta ocasión fue aún más sorpresiva para Mark, le dijo que lo había estado observando durante estas últimas semanas y se había dado cuenta que él nunca buscaba a Dios; le dijo cómo lo había observado en su cabina mientras prestaba guardia y veía que hacía muchas cosas, hablaba por teléfono, escribía, pero nunca hablaba con Dios. Así que le dijo a Mark que para tener lo que él tenía, era necesario que hiciera un lugar para Dios. Ese fue el testimonio de aquel guardia de seguridad y ¿saben?, ese fue el propósito de Dios al llevarnos en esta oportunidad, a ese lugar, oír a Mark, pues así pudimos entender que debíamos hacer un aposento para Dios.

Ahora, no creas que cuando te decimos que debes hacer un lugar para Dios, nos estamos refiriendo como tal a un lugar físico, aunque si puedes tenerlo sería de gran bendición, pero a lo que principalmente nos referimos, es a ese tiempo que tú apartas para estar en Su presencia, donde te olvidas de todo lo demás y lo buscas sólo a Él. Si lo haces, te sucederá lo que describe Smith Wigglesworth en la frase con la que abrimos este capítulo: Dios te llevará a un lugar de insatisfacción, donde nunca más estarás satisfecho, solo satisfecho con una satisfacción que no puede ser satisfecha.

El testimonio de Mark nos afectó profundamente, así que una vez que regresamos al hotel, nos postramos y le dijimos al Señor: "Vamos a hacer un lugar para Ti", y a partir de ese día, hicimos al igual que la sunamita un aposento para Dios, para que Él se desviara y pasara por nuestra casa, para causar que Él regresara y se quedara con nosotros. Pero sabes que es lo mejor de todo, que tal como pasó con esta mujer, ha sucedido con nosotros, el Señor ha dejado en nuestra casa bendición, nos ha dado los deseos de nuestro corazón y aun más, nos ha advertido y protegido del juicio, y nos ha restituido todo lo que por años habíamos perdido. No era lo que estábamos buscando, pues solo lo buscábamos a Él. Nos ocupamos en el llamado, en Su obra, en agradarlo a Él y nos olvidamos de todo lo demás, pero Dios, que sabía lo que había en nuestro corazón, aunque no se lo pedíamos, nos devolvió la honra, la familia, la credibilidad, nos dio un ministerio, nos dio Su unción y puso un muro de protección alrededor nuestro, ¿No es maravilloso nuestro Dios?

En el año 1998 se levantó aquí en Bogotá una persecución contra las iglesias cristianas y las cerraban valiéndose de cualquier excusa, que hacíamos mucho ruido o no teníamos suficiente espacio para los parqueaderos. Así que, viendo esta situación, empezamos a buscar un lugar para nuestra iglesia, y encontramos un sitio ubicado en el extremo opuesto de la ciudad, donde al ser una zona industrial, no tendríamos este tipo de problemas, pero corríamos un riesgo aun mayor, pues debido a la distancia, por lo menos la mitad de las personas de la iglesia podrían decidir no volver a asistir. Pero en obediencia a Dios y con cierto temor, nos movimos a este nuevo lugar, y tan sólo una semana después de haber salido del sitio donde nos estaban persiguiendo, empezaron a cerrar las iglesias en esa zona, ¡El Señor nos sacó a tiempo! Pero además, nuestra iglesia no se redujo a la mitad, sino que por el contrario, en un solo día nuestra iglesia se multiplicó.

Y es que, si nos ponemos a pensarlo con calma, Dios siempre nos ha sacado a tiempo del peligro. En nuestro país, hubo una época muy difícil en la que el secuestro ocurría a diario, yo me encontraba en la iglesia predicando y sentí la necesidad de terminar el servicio de inmediato y salir de allí, no puedo explicarles qué era lo que ocurría, solo sabía que debía salir del lugar de inmediato, así que tomé a Patty de la mano, oré y salimos de la iglesia antes de lo previsto. Ella me preguntaba qué había pasado y yo no tenía cómo explicarle mi reacción, simplemente tenía la certeza que eso era lo que debía hacer; así ocurrió en dos ocasiones.

Pasaron algunos meses y me encontré con un pastor a quien grupos al margen de la ley habían tenido secuestrado, me encontraba hablando con él, cuando me contó que los secuestradores le habían dicho que era a nosotros a quienes querían llevarse, pero que en dos ocasiones habían ido por nosotros y sin ellos saber cómo, nos habíamos escapado. Ahora si me preguntas, yo tampoco sé cómo lo hicimos, solo sé que Dios es quien guarda y protege a los que le buscan.

Hace algún tiempo, estábamos caminado con Patty para hacer un poco de ejercicio, cuando de repente oí un ruido y sentí que debíamos correr, así que la tomé fuerte de la mano y grité: ¡Corre! Ella, aunque corría a la par mía, estaba sorprendida, me miraba, miraba alrededor nuestro y no entendía por qué corríamos. Más adelante, cuando por fin paramos de correr, volvimos nuestra mirada hacia atrás y nos dimos cuenta que justo en el lugar donde habíamos empezado a correr, una rama gigantesca había caído de un árbol golpeando las cuerdas de electricidad y rompiéndolas con el impacto; ese era el ruido que yo había escuchado. Si nos hubiéramos demorado un instante en empezar a correr, este libro tendría que haber sido escrito por otra persona, porque nosotros, ya estaríamos con el Señor.

Han sido muchas las ocasiones en las que hemos visto Su mano poderosa protegiéndonos, que, podríamos por hojas y hojas escribir muchos más testimonios, pero no es la intención, sin embargo, queremos sólo hacer hincapié en esto: "Dios es muro protector alrededor de aquellos que le buscan".

Para cerrar este capítulo, quiero contarles algo personal, por lo general no hablo de esto con nadie, ni siquiera con mis hijos, pero hace algún tiempo, hablando con mi hijo menor Juan Sebastián, se lo conté y él me preguntaba: ¿Por qué ocurrió esto? Déjenme contarles. Me casé muy joven y por la cultura en que vivimos, una vez te casas, el apoyo económico de los padres se acaba, por lo que en ese momento tuve que suspender mis estudios universitarios y no me pude graduar; pasó el tiempo y al llegar las obligaciones y las múltiples ocupaciones, fue imposible que pudiera si quiera pensar en regresar a la universidad. Pero hace tres años ocurrió algo que no estaba esperando, vino para mi vida lo inesperado de Dios, me llamaron y me ofrecieron un cupo para ingresar a un doctorado en el mejor seminario teológico que hay en el mundo, pues es interdenominacional, multicultural y es el más grande, pero para poder acceder a él, debía tener un título profesional, así que tuve que volver a la universidad y revisar qué materias debía completar para poder graduarme.

Estaba en ese proceso, cuando me informaron que el título que necesitaba tener debía ser en teología y yo estaba alistándome para graduarme en Ingeniería Industrial, así que tuve que buscar en las dos universidades cristianas del país en las que se ofrece el título de teólogo, para completar los estudios presentando lo que ya había hecho en el Seminario Bíblico. Sin darme cuenta y cuando menos lo estaba esperando, estaba obteniendo, no uno, sino dos títulos universitarios, uno como ingeniero industrial y otro como teólogo.

Ahora, para continuar mi proceso educativo, necesitaba la maestría, así que presentamos el proceso y junto con Patty fuimos aceptados para hacerla. ¿Comprenden lo que trato de explicar? Estoy hablándoles de haber renunciado a los sueños personales que tenía, por las faltas del pasado y las situaciones que rodearon mi vida, yo ni siquiera había revivido ese sueño en mi corazón y jamás se me hubiera ocurrido orar por nada de esto.

Pero aún hay más, mientras nos encontrábamos escribiendo este libro, recibí un correo electrónico inesperado. Entre 4000 estudiantes que aspiraban a entrar a esa gran universidad para doctorado, sólo había 30 cupos y junto con mi esposa habíamos sido aceptados para hacer el doctorado que queríamos. El diablo no me dejó terminar mi carrera universitaria, pero Dios me dio dos profesiones, una maestría y un doctorado ¡Esto es restitución!

Si haces ese lugar para Dios, con el cual causes que Él vuelva, entonces vendrá para tu vida no sólo lo que le has pedido a Dios, sino lo que ni siquiera se te ha ocurrido pedirle, el Señor resucitará tus sueños, hará milagros en el día de tu aflicción, te protegerá del mal y te restaurará todo lo que has perdido.

¡Qué importante hacer un lugar para Dios! Mira lo que dijo en una de las últimas entrevistas públicas, el más grande evangelista de los últimos tiempos, el doctor Billy Graham, cuando le preguntaron: ¿Si usted pudiera cambiar las cosas que ha hecho, qué sería lo que cambiaría? Su respuesta fue sencilla; él dijo: "Buscaría más a Dios, gastaría más tiempo con Él, meditando en Su Palabra". No cualquier persona dijo esto, sino el evangelista más exitoso del siglo XX.

Capítulo 13

RECUPERANDO
EL HACHA

CUANDO SERVIMOS A Dios en el ministerio, en ocasiones llegamos a un punto en el cual no vemos la misma efectividad que antes, o simplemente el fruto no es el mismo. Si esta es la sensación que tienes en tu vida, quizá te ha sucedido lo que le pasó a un joven leñador que comenzó a trabajar en los montes. Al inicio, el capataz estaba sorprendido de la eficacia del muchacho, pues con su hacha tumbaba una gran cantidad de árboles, al punto que su producción era el doble que el resto de los trabajadores del lugar. Pero, poco a poco fue perdiendo su capacidad y talaba la misma cantidad de árboles que los demás trabajadores, y después, aun menos que los otros. Algunas personas pensaron que había sido solo la emoción del comienzo y que en realidad no era tan bueno como parecía ser, pero un anciano que vio todo lo que sucedía, decidió acercarse y le preguntó: ¿Afilaste tu hacha? A lo que el joven le respondió que no, así que el anciano le dijo, que al no afilarla tenía que agregar más fuerza, por eso se cansaba más y le rendía menos. Esto es lo mismo que nos indica la palabra en Eclesiastés 10:10: "Si se embotare el hierro, y su filo no fuere amolado, hay que añadir entonces más fuerza; pero la sabiduría es provechosa para dirigir".

Después de que Elías fue llevado por el Señor, Eliseo recibió una doble porción del Espíritu Santo, tenía la doble unción, la cual es la que Dios tiene profetizada para nuestro tiempo. La Biblia registra que en los días de Eliseo, hubo el doble de milagros que en el tiempo de Elías y al parecer muchos discípulos se unieron a su escuela de profetas; empezó un gran avivamiento y debido a esto, el crecimiento fue inminente, por lo cual los discípulos vinieron al profeta Eliseo y le dijeron: "He aquí, el lugar en que moramos contigo nos es estrecho. Vamos ahora al Jordán, y tomemos de allí cada uno una viga, y hagamos allí lugar en que habitemos" (2 Reyes 6:1-2). Él profeta Eliseo los autorizó para que fueran, pero alguno de los discípulos, los más sedientos le rogaron que fuera con ellos, a lo que él accedió. Mientras se encontraban trabajando en la edificación, uno de ellos perdió su hacha: "¡Ah, señor mío, era prestada! El varón de Dios preguntó: ¿Dónde cayó? Y él le mostró el lugar. Entonces cortó él un palo, y lo echó allí; e hizo flotar el hierro. Y dijo: Tómalo. Y él extendió la mano, y lo tomó" (2 Reyes 6:5-7).

Ahora bien, si ya no tienes el mismo fruto que tenías al inicio de tu ministerio, una de estas dos cosas puede haberte pasado, o como el joven de la ilustración no has afilado el hacha, o sencillamente como leímos en este pasaje, la has perdido. Sea cual sea tu caso, debes saber que no debes añadir más fuerza y trabajo, pues con esto sólo te agotarás aún más sin conseguir el fruto que esperas. Recuerda lo que nos dice Dios en Su palabra: "No con ejército, ni con fuerza, sino con mi Espíritu, ha dicho Jehová de los ejércitos" (Zacarías 4:6). Así que es tiempo de recuperar el hacha que Dios te dio, o bien afilarla.

Si Dios te ha llamado y te ha enviado con una misión, cualquiera que sea, debes saber que Él te unge para hacerla. Es el Espíritu Santo quien da la unción a los creyentes para educar a sus hijos, para ganar a su familia para Cristo, para adorar, para predicar o para servir. En nuestra iglesia a diario podemos ver la marcada diferencia cuando un ujier, músico, integrante del coro, del grupo de logística o en cualquier área del servicio, está ungido. ¡Es notorio cuando una persona está llena del Espíritu Santo!

Entonces, si has sido llamado por Dios para servirlo en cualquier área del ministerio o en tu propia familia, debes saber que Él te ha entregado un hacha que es la unción del Espíritu Santo para que puedas cumplir con esa labor, pero tu responsabilidad es cuidarla y tenerla afilada siempre.

Veamos el caso de Saúl, él no fue de los que perdió el filo en el hacha, sino que perdió el hacha. Luego de que fue ungido con el Espíritu Santo, fue, enfrentó y ganó grandes batallas, pero hubo un momento en que el Espíritu Santo se apartó de él y por eso no tenía fuerzas para enfrentar a Goliat y a los filisteos, pues había perdido la unción y con ella, lo perdió todo. Por su parte, David también fue ungido por el Espíritu Santo, enfrentó a Goliat y a los reyes de las naciones y los derrotó; pero cuando pecó, tuvo el año más tormentoso de su vida, en su caso, no perdió el hacha, pero sí estaba perdiendo el filo. Fue en ese momento cuando clamó a Dios: "No me eches de delante de ti, y no quites de mí tu Santo Espíritu" (Salmo 51:11).

Ahora, la pregunta que te pueden surgir en este punto, sería: ¿Cómo recuperar el hacha y cómo afilarla? Bueno, tú puedes recuperar la unción en los lugares ungidos. Esto fue lo que encontró Saúl en Ramá; cuando el Espíritu Santo se apartó de él, comenzó a perseguir de muerte a David, buscándolo como aguja en un pajar, desesperado por matarlo. David por su parte, se escondió junto al profeta Samuel y a una compañía de profetas en una ciudad llamada Ramá, pero al enterarse, Saúl envió un grupo de soldados allí, lo que no se esperaban, era que al acercarse al lugar, el Espíritu de Dios viniera sobre ellos, pero así fue, y cuando descendió, estos soldados comenzaron a profetizar. Así que el rey envió a un segundo grupo de soldados, pero el Espíritu Santo también vino sobre ellos y profetizaron. En vista de esto, Saúl mismo fue hasta Ramá, y dice la Biblia que cuando entró a la ciudad, el Espíritu Santo vino sobre él. En otras palabras, aquel que había perdido el hacha, entrando a un lugar ungido, volvió a recibir la unción del Espíritu Santo.

Esto mismo sucede en nuestra iglesia, muchos pastores y líderes llegan a nuestros servicios sabiendo que han perdido esa unción del Espíritu Santo, pero allí, en medio de esta poderosa unción, ellos son ungidos nuevamente por el Señor. Hemos oído en nuestro púlpito, el testimonio de decenas de pastores que testifican que el Espíritu del Señor los trajo al avivamiento, les devolvió la unción y los envió de nuevo a hacer la obra para la cual Él los llamó. Este es el caso del pastor de uno de los ministerios más grande del mundo hispano, quien testificó de lo que experimentó en nuestra iglesia diciendo: "He servido al señor 43 años, pero lo que recibí hoy me dejó listo para otros 43 años más".

Lo mismo le sucedió a uno de los evangelistas de los años setenta, Julio César Ruibal, él fue a uno de los servicios de Kathryn Kuhlman, mientras estudiaba medicina en California. Quiso ir una segunda vez, pero se quedó por fuera porque el lugar para siete mil personas estaba completamente lleno. Con él había casi cuatro mil personas, muchas de ellas eran enfermos en sillas de ruedas y camillas, así que Julio se paró en una silla y les dijo: "El mismo Dios que está en el auditorio, está aquí afuera, oremos para que Dios se mueva", y el Espíritu Santo comenzó a sanar a todos esos enfermos. Con esta unción, este joven de sólo 20 años, fue a Bolivia, le predicó al presidente y oró por su esposa, quien recibió completa sanidad, debido a esto, le abrieron los estadios de Bolivia y recorrió todo el país impactándolo con grandes campañas.

Otra forma de recuperar el hacha, es caminando con los ungidos. Esto fue lo que le sucedió a Eliseo, quien recibió esa doble unción de Elías y a Josué mientras caminaba con Moisés. Otro caso lo vemos con el rey Saúl, al comienzo de su reinado, luego de que Samuel lo ungió con aceite, se encontró en el camino con una compañía de profetas, no se trataba en este caso de un lugar ungido, sino de personas ungidas; cuando Saúl los encontró, el Espíritu Santo vino sobre él y profetizó: "Y cuando llegaron allá al collado, he aquí la compañía de los profetas que venía a encontrarse con él; y el Espíritu de Dios vino sobre él con poder, y profetizó entre ellos" (1 Samuel 10:10).

Ahora, quizá tú digas en este momento yo no siento que haya perdido el hacha, pero sí el filo en ella, si este es tu caso, debes saber que las armas se ungen para la guerra, pero después de ella hay que volverlas a afilar. Como ya les comenté, a mi papá le gustaba la cacería y cuando yo era niño, me llevaba con él, allí podía ver cómo al regresar a casa, luego de haber usado su escopeta, la desarmaba y la ungía con aceite. Veamos lo que hizo el Señor Jesús, Él cuando ministró en la casa de Pedro e hizo tremendos milagros, a la madrugada, otra vez estaba en la presencia de Dios, afilando el hacha. Entonces, ¿Cómo se afila el hacha? Como normalmente en lo natural lo haríamos: "Contra la roca".

Leamos juntos lo que Dios le dijo a Josué: "Nunca se apartará de tu boca este libro de la ley, sino que de día y de noche meditarás en él, para que guardes y hagas conforme a todo lo que en él está escrito; porque entonces harás prosperar tu camino, y todo te saldrá bien" (Josué 1:8). Aunque Josué había sido ungido con sabiduría, era necesario que afilara el hacha con la Palabra, para que su ministerio fuera efectivo. Igual tú, necesitas pasar tiempo delante de Dios, leyendo y meditando en Su palabra, pues entre más lo hagas, más filo tendrá tu hacha.

Esa ha sido mi experiencia desde que el Espíritu Santo tocó mi vida, mientras medito en Su palabra, mi vida es afectada y es entonces cuando vengo al púlpito más ungido que antes. Puedo leer cinco o diez capítulos, pero con una sola palabra que el Espíritu de Dios me dé y ministre mi vida, yo sé que mi hacha tiene un nuevo filo.

Hay otra forma también de darle filo a tu hacha, y es estando en la presencia de Dios. Miren lo que dice la Escritura: "Cuando venía Moisés delante de Jehová para hablar con él, se quitaba el velo hasta que salía; y saliendo, decía a los hijos de Israel lo que le era mandado. Y al mirar los hijos de Israel el rostro de Moisés, veían que la piel de su rostro era resplandeciente; y volvía Moisés a poner el velo sobre su rostro, hasta que entraba a hablar con Dios" (Éxodo 34:34–35). Cuando una persona está expuesta a la presencia de Dios o a Su palabra, el Espíritu Santo comienza a transformar su vida y el brillo de Dios es evidente en su cara, en sus palabras, en su forma de ministrar o de servir al Señor. Por eso, con total certeza podemos decirte, que la fortaleza de nuestro ministerio no son sus pastores, ministros, líderes, o servidores, el tesoro más grande que tenemos en el avivamiento es: ¡La presencia de Dios!

Finalmente, queremos dejarte con una llave espiritual que hemos usado desde el día en que nos convertimos: "De gracia recibisteis, dad de gracia" (Mateo 10:8b). Es increíble, entre más damos, Dios más nos da, es el tesoro más extraño, pues no se agota, sino que entre más lo gastas, más tienes. Esto es algo muy importante, porque si tú recuperas el hacha y la tienes afilada, pero no das, entonces empieza a secarse la fuente.

Mira el caso de la mujer viuda en 2 Reyes 4, ella clamó al profeta Eliseo, porque su marido había muerto y un acreedor había ido a cobrar la deuda que tenían y quería llevarse a sus hijos por siervos, así que el profeta le preguntó que tenía ella en su casa, a lo que esta mujer respondió: "Tu sierva ninguna cosa tiene en casa, sino una vasija de aceite. Él le dijo: Ve y pide para ti vasijas prestadas de todos tus vecinos, vasijas vacías, no pocas" (2 Reyes 4:2-3). Mientras vertían el aceite en las vasijas, este se iba multiplicando, ¿Hasta cuándo? Hasta que se acabaron las vasijas: "Cuando las vasijas estuvieron llenas, dijo a un hijo suyo: Tráeme aún otras vasijas. Y él dijo: No hay más vasijas. Entonces cesó el aceite" (2 Reyes 4:6).

Debes saber que la unción Dios te la da con un propósito, no es para que la almacenes. Si tú le hablas a alguien de Jesús, Él te va a dar más unción; si tú oras por los enfermos o invitas a alguien a la iglesia, sentirás cómo Él te hace crecer en todas las cosas y bendice tu vida. Y si no fuera así, entonces ¿para qué la unción?

Capítulo 14

SE OYE LA VOZ
DEL ESPÍRITU

A PRINCIPIOS DEL SIGLO XX en Gales, se encendió un avivamiento y Dios comenzó a transformar todo en este lugar; los obreros que trabajaban en las minas, a causa del toque del Señor, comenzaron a cambiar el lenguaje soez que solían usar, por adoración al Señor. En las calles se podía oír a la gente alabando a Dios, a las puertas de la iglesia se agolpaban las personas para escuchar la Palabra de Dios y los bares se convirtieron en lugares de oración. En ese momento podían decir: "Se oye la voz de la Paloma en nuestro país, llegó el tiempo de la canción".

"Mi amado habló, y me dijo: Levántate, oh amiga mía, hermosa mía, y ven. Porque he aquí ha pasado el invierno, se ha mudado, la lluvia se fue; se han mostrado las flores en la tierra, el tiempo de la canción ha venido, y en nuestro país se ha oído la voz de la tórtola" (Cantares 2:10–12).

Este pasaje es un anuncio de un ¡Gran despertar espiritual! En las versiones antiguas de la Biblia, esa palabra tórtola se refiere a una paloma pequeña que se conocía en el viejo mundo; ahora, la paloma es un tipo del Espíritu Santo, luego en el texto del Cantar de los Cantares, lo que se oye es la voz del Espíritu Santo.

Hablando un poco acerca de la tipología que se usa para hablar del Espíritu Santo tenemos: El arca del pacto, la nube de Jehová, la columna de fuego y el Río de Dios, pero cuando hablamos de la paloma, me hace pensar en mi niñez. Mi papá solía llevarnos a mis hermanos y a mí a cazar, razón por la cual aprendí un poco acerca de estas aves; de ellas te puedo decir que son animales muy limpios que no toman agua sucia, son además muy sensibles y por este motivo el cazador debe camuflarse y quedarse muy quieto para logar atraparlas, pues ante el más mínimo movimiento se asustan y se pierde la oportunidad de cazarlas.

En estos años de amistad con el Espíritu Santo, he notado lo mismo. Él es Dios todopoderoso, pero también es muy sensible, por esto la Biblia dice: "Y no contristéis al Espíritu Santo de Dios, con el cual fuisteis sellados para el día de la redención" (Efesios 4:30), porque si lo hacemos, Él se apartará. Esta es la razón por la que los avivamientos han durado muy poco tiempo, el avivamiento en Gales ocurrió entre 1904 y 1906, el de la calle Azusa entre 1906 y 1909, en Pensacola fue entre 1995 y 2000, por su parte en Toronto comenzó en 1994 y al final del siglo ya no había nada. Algo ocurrió y por eso el Espíritu Santo se apartó.

Veamos un ejemplo en la Biblia y es el caso de Roboam quien experimentó un avivamiento en su reino luego de que Jeroboam entregara el reino del norte a la idolatría, pues los sacerdotes, levitas y judíos que estaban por Jehová se vinieron al reino del sur. Pero la búsqueda de Roboam para seguir al Señor duró solo tres años y después de ese tiempo, él se apartó de Dios y por lo tanto, el Señor quitó Su protección.

Recordando lo que el Señor nos habló en el año 1993, el Espíritu Santo nos advirtió de lo que podría causar que

Él se apartara de este lugar, en realidad no sabíamos qué era lo que iba a ocurrir, pero el Señor nos habló diciendo que si queríamos Su gloria, Él demandaba de nosotros humildad y fue entonces cuando nos llevó a este pasaje en la Biblia: "Porque así dijo el Alto y Sublime, el que habita la eternidad, y cuyo nombre es el Santo: Yo habito en la altura y la santidad, y con el quebrantado y humilde de espíritu, para hacer vivir el espíritu de los humildes, y para vivificar el corazón de los quebrantados" (Isaías 57:15).

Así que, si sabemos que la voz de la paloma se está oyendo en América Latina, también tenemos que tener en cuenta que el Señor demanda: "Humildad". Él mismo lo dijo: "Aprended de mí, que soy manso y humilde de corazón" (Mateo 11:29). "En aquel tiempo los discípulos vinieron a Jesús, diciendo: ¿Quién es el mayor en el reino de los cielos? Y llamando Jesús a un niño, lo puso en medio de ellos, y dijo: De cierto os digo, que si no os volvéis y os hacéis como niños, no entraréis en el reino de los cielos. Así que, cualquiera que se humille como este niño, ése es el mayor en el reino de los cielos" (Mateo 18:1–4).

Lo segundo que el Espíritu Santo nos dijo, fue que si queríamos que Su gloria permaneciera, teníamos que creer y nos dio este pasaje: "¿No te he dicho que si crees, verás la gloria de Dios?" (Juan 11:40). Es claro, si queremos ver la gloria de Dios y que permanezca en medio nuestro, es necesario creer todo lo que Él nos diga, ¡todo!

Cuando Dios nos dijo que iba a darnos un espacio en la televisión, no veíamos cómo, para nosotros era un imposible, pero le creímos y dimos los primeros pasos de fe. Empezamos usando una pequeña cámara de video casera, pero luego con mucho esfuerzo, pudimos comprar nuestra primera cámara profesional y un mezclador pequeño, para poder así empezar a hacer nuestro primer programa de televisión. Sabemos que todo este proceso, el Señor lo usó para probar nuestra fe y así poder entregarnos un espacio en la televisión nacional y posteriormente una estación de televisión propia.

Vamos a ponerte un ejemplo más, el Señor nos dijo que durante nuestras convocatorias al aire libre no llovería, teníamos la promesa. Se acercaba nuestro evento de fin de año "Avivamiento al parque" y estábamos en época de invierno en nuestra ciudad, por días enteros llovía y los pronósticos no eran favorables, así que como el evento se iba a realizar en el Parque Simón Bolívar, al aire libre, lo lógico era pensar en cancelar el evento en ese lugar. Pero si nosotros queríamos ver la gloria de Dios, entonces debíamos creerle, y eso hicimos. Te preguntarás ¿qué sucedió? Pues bueno, tuvimos nuestra reunión de fin de año, la gloria del Señor llenaba todo el lugar, fuimos testigos de poderosos milagros, Dios superó todas nuestras expectativas y a pesar de las circunstancias adversas, Él cumplió Su promesa y no llovió. ¡Dios es fiel!

Estamos seguros que, si algún día dejáramos de creerle, entonces Él daría un paso atrás y se alejaría; esto fue lo que le sucedió al rey Asa, quien durante sus primeros años de reinado estuvo firme en su fe en Dios. Llegó el momento en el cual tuvo que enfrentarse al ejército etíope que tenía un millón de hombres y trescientos carros, pero él no se dejó intimidar, sino que hizo una declaración de fe: "¡Oh Jehová, para ti no hay diferencia alguna en dar ayuda al poderoso o al que no tiene fuerzas! Ayúdanos, oh Jehová Dios nuestro, porque en ti nos apoyamos, y en tu nombre venimos contra este ejército. Oh Jehová, tú eres nuestro Dios; no prevalezca contra ti el hombre" (2 Crónicas 14:11). Y el

Señor le dio la victoria al reino de Judá. Ellos disfrutaron de un avivamiento durante 26 años, en los cuales vieron la gloria de Dios y Su mano obrando a favor de ellos.

Luego, en el año treinta y seis del reinado de Asa, vino contra ellos Baasa el rey de Israel, pero en esta ocasión, Asa no recurrió a Dios como lo había hecho en el pasado, sino que fue al templo, sacó el oro y la plata de los tesoros de la casa de Jehová y los envío a Ben-adad rey de Siria para que hiciera alianza con él, por lo cual el Señor apartó Su presencia de él. "En aquel tiempo vino el vidente Hanani a Asa rey de Judá, y le dijo: Por cuanto te has apoyado en el rey de Siria, y no te apoyaste en Jehová tu Dios, por eso el ejército del rey de Siria ha escapado de tus manos" (2 Crónicas 16:7). Por poner su confianza en el hombre y dejar de creer a Dios y a Sus promesas, la presencia de Dios se apartó de él.

Ya hemos visto dos de las cosas que el Espíritu del Señor nos dijo que debíamos tener, si queríamos que Su presencia habitara con nosotros: Humildad y Fe. "El que tiene mis mandamientos, y los guarda, ése es el que me ama; y el que me ama, será amado por mi Padre, y yo le amaré, y me manifestaré a él" (Juan 14:21). Con este verso le damos paso a esa tercera característica que debemos tener: "Rendición". Debes saber que el Señor, sólo va a obrar sobre una iglesia que le obedezca y esté totalmente rendida al Espíritu Santo.

¿Recuerdan a Saúl? Dios lo ungió por Rey de Israel, pero él desechó la Palabra de Dios, no hizo caso a Su mandamiento y por esto Dios lo desechó. "Y Samuel dijo: ¿Se complace Jehová tanto en los holocaustos y víctimas, como en que se obedezca a las palabras de Jehová? Ciertamente el obedecer es mejor que los sacrificios, y el prestar atención que la grosura de los carneros" (1 Samuel 15:22). ¡Dios quiere que le obedezcamos!

Ante cualquier situación, siempre vas a oír muchas voces, pero hay una sola que debes escuchar: "La voz de Dios", por eso queremos darte un consejo, cuando veas que todo está muy turbulento y no sabes para dónde coger, entonces ¡No te muevas! Quédate atento y no hagas nada hasta que oigas la voz del Espíritu Santo. Es hora de que entiendas que no se trata de dos voluntades: la tuya y la de Él, sino de una sola voluntad: la de Dios. Hay una ilustración que describe esto a la perfección, y se trata de un aviso clasificado en el periódico que decía: "Se requiere empleado, que aunque no sepa hacer nada, sepa hacer caso". Eso es lo que Dios está buscando también, personas que así no tengan grandes habilidades, tengan un corazón para obedecer solamente a Dios. Cuando el Señor nos llamó, pensábamos: ¿Por qué nos escogiste a nosotros? Pues a nuestros ojos no éramos los mejores, ni los más hábiles, pero fue entonces, cuando el Espíritu Santo me dijo que Él no está buscando a los que brillan, sino a los que se rinden.

Y hubo una cuarta y última cosa que el Señor nos advirtió, y fue: "No tocar Su gloria". En esta ocasión nos llevó a este versículo: "Yo Jehová; este es mi nombre; y a otro no daré mi gloria, ni mi alabanza a esculturas" (Isaías 42:8). Así que, si quieres mantener la presencia del Señor, ten siempre claro que la gloria es sólo para Él.

Vayamos por un momento a Hechos 3 en pasaje en el que Pedro y Juan oraron por el hombre cojo que pedía limosna en la puerta del templo de la Hermosa, pero cuando se acercó a Pedro y a Juan para pedirles, Pedro le dijo: "No tengo plata ni oro, pero lo que tengo te doy; en el nombre de Jesucristo de Nazaret, levántate y anda. Y tomándole por la mano derecha le levantó; y al momento se le afirmaron los pies y tobillos; y saltando, se puso en pie y anduvo; y entró con ellos en el templo, andando, y saltando, y alabando a Dios" (Hechos 3:6–8). En situaciones como esta, es cuando aparecen los grandes líderes que dicen: "Dios me usa", pero no fue el caso de Pedro, por el contrario, él dijo: "Varones israelitas, ¿por qué os maravilláis de esto? ¿o por qué ponéis los ojos en nosotros, como si por nuestro poder o piedad hubiésemos hecho andar a éste?" (Hechos 3:12), "Y por la fe en su nombre, a éste, que vosotros veis y conocéis, le ha confirmado su nombre; y la fe que es por él ha dado a éste esta completa sanidad en presencia de todos vosotros" (Hechos 3:16). Así que no importa qué tan arriba lleve Dios tu vida o ministerio, ten siempre presente que entre más Él crezca, más tú debes menguar.

Pensemos por un momento en el ministerio de Juan el bautista; era poderoso y efectivo, al punto que el mismo Señor Jesús dijo: "Os digo que entre los nacidos de mujeres, no hay mayor profeta que Juan el Bautista" (Lucas 7:28a). Era tal la magnitud de Su mensaje, que la gente creía que él era el Mesías, pero cuando se lo preguntaron, su respuesta fue: "Yo no soy el Cristo" (Juan 1:20), y respecto a Él dijo: "Yo bautizo con agua; mas en medio de vosotros está uno a quien vosotros no conocéis. Este es el que viene después de mí, el que es antes de mí, del cual yo no soy digno de desatar la correa del calzado" (Juan 1:26–27). Es por eso, que haga lo que haga el Señor contigo, sin importar hasta donde te suba o te lleve: ¡Nunca toques la gloria de Dios!

Esto fue algo que no tuvo en cuenta el rey Nabucodonosor: "Al cabo de doce meses, paseando en el palacio real de Babilonia, habló el rey y dijo: ¿No es ésta la gran Babilonia que yo edifiqué para casa real con la fuerza de mi poder, y para gloria de mi majestad? Aún estaba la palabra en la boca del rey, cuando vino una voz del cielo: A ti se te dice, rey Nabucodonosor: El reino ha sido quitado de ti" (Daniel 4:29–31).

Todo lo que está ocurriendo en América Latina y que nos tiene sorprendidos por el poder que hay y el despertar espiritual que ocurre, es obra de Uno solamente, del Espíritu Santo de Dios, y estamos completamente convencidos que toda la gloria, la alabanza y la adoración por todo esto, es sólo para Él.

Si tienes presente en tu vida estas cuatro advertencias: Humildad, Fe, Rendición y No tocar Su gloria, entonces la presencia de Dios no sólo te visitará, sino que permanecerá contigo.

DETRÁS DEL ESTANQUE

¿Estás cansado de las circunstancias que rodean tu vida? ¿El tiempo pasa y pasa y por más que lo intentas y te esfuerzas no ves un cambio en tu situación? Si es así, no puedes dejar de leer este último capítulo.

La Escritura menciona ríos desde el Génesis hasta el Apocalipsis. El primer río que la Biblia menciona está en el Edén, este río tenía cuatro brazos para regar el huerto, pero cada uno de esos brazos, era un río también.

El nombre del primer río es Pisón, el cual rodea toda la tierra de Havila donde hay oro, berilio y ónice. Este río está al norte de Mesopotamia y se conoce hoy en día como el Río de oro, ya que serpentea entre las antiguas minas de oro y de lapislázuli. El nombre del segundo río es Gihón, el cual rodea toda la tierra de Cus. Esta palabra Gihón, significa en hebreo rebosante, que sale a borbollones. Hay un tercer río, cuyo nombre es el Hidekel, el cual va al oriente de Asiria y significa el río que siempre corre, río que fluye. Y finalmente, tenemos el cuarto río, que es el Éufrates, esta palabra tiene la misma raíz de Efraín, que significa fructífero, es un río que siempre abre paso, un río que fructifica.

Dios puso estos cuatro ríos para que el hombre

fructificara. Muchas veces cuando hablamos del huerto del Edén, nos imaginamos lo que normalmente en nuestra cultura latinoamericana conocemos como huerto, un pequeño terreno en el cual se siembran algunas verduras o legumbres, pero, ¡No! La mentalidad de Dios es diferente, el huerto que Él creó, tenía un sistema de riego, que consistía en cuatro poderosos ríos. Por eso, no tenemos la menor duda que la visión y el plan de Dios es que el hombre prospere y por eso le dio un río que se mueve entre el oro, un río que es rebosante, un río que siempre fluye y uno que es fructífero. Estos son los cuatro ríos del Edén.

Al final de la Biblia en el Libro de Apocalipsis, se habla de otro río: "Después me mostró un río limpio de agua de vida, resplandeciente como cristal, que salía del trono de Dios y del Cordero. En medio de la calle de la ciudad, y a uno y otro lado del río, estaba el árbol de la vida, que produce doce frutos, dando cada mes su fruto; y las hojas del árbol eran para la sanidad de las naciones" (Apocalipsis 22:1–2). Este río que sale del trono de Dios y cuyas hojas son para sanidad de las naciones, se trata del río de la Nueva Jerusalén.

Pero si vamos al Libro de los Salmos, podemos leer que los hijos de Coré vieron otro río, uno que no es el del Génesis, ni el del Apocalipsis: "Del río sus corrientes alegran la ciudad de Dios, el santuario de las moradas del Altísimo. Dios está en medio de ella" (Salmo 46:4–5a). Podríamos suponer que se refiere a un río que está en medio de la ciudad en la que Dios mismo está, y es un río de gozo, pero en Jerusalén, físicamente este río no está.

David también habló de este río en el Salmo 65: "Visitas la tierra, y la riegas; en gran manera la enriqueces; con el río de Dios, lleno de aguas, preparas el grano de ellos, cuando así la dispones. Haces que se empapen sus surcos, haces descender sus canales; la ablandas con lluvias, bendices sus renuevos. Tú coronas el año con tus bienes, y tus nubes destilan grosura. Destilan sobre los pastizales del desierto, y los collados se ciñen de alegría. Se visten de manadas los llanos, y los valles se cubren de grano; dan voces de júbilo, y aun cantan" (Salmo 65:9–13). David habla de grosura, de alegría, de multitud de ovejas, de júbilo y gozo en este río.

Hay un río que vieron David y los hijos de Coré, pero que no está en la ciudad de Jerusalén, pues el río protagónico de Israel es el Jordán y es un río turbio. Entonces ¿qué río fue el que vieron ellos, si lo describen y declaran que hay un río en la ciudad de Dios, que alegra al pueblo y Dios está en medio de él? ¿De qué río están hablando?

Si no es un río que esté físicamente en Israel, debe tratarse de un río espiritual, pero vamos ahora con el profeta Ezequiel, él vio otro río aún más dramático, porque dice que este río entró al Arabá, que corresponde al mar Muerto, el cual tiene kilómetros de aguas muy saladas que no tienen vida, no hay peces, ni vegetación, está a 400 metros del nivel del mar, con tanta sal que la gente flota aun sin nadar, de ahí su nombre. El profeta describe la visión que tuvo: "Y volviendo yo, vi que en la ribera del río había muchísimos árboles a uno y otro lado. Y me dijo: Estas aguas salen a la región del oriente, y descenderán al Arabá, y entrarán en el mar; y entradas en el mar, recibirán sanidad las aguas. Y toda alma viviente que nadare por dondequiera que entraren estos dos ríos, vivirá; y habrá muchísimos peces por haber entrado allá estas aguas, y recibirán sanidad; y vivirá todo lo que entrare en este río" (Ezequiel 47:7–9).

Este río que Ezequiel vio, cuando entraba al mar Muerto

le daba vida, él vio multitud de peces y pescadores con sus redes extendidas llenas de peces grandes, a donde quiera que este río doble pasaba veía sanidad; a su paso, este torrente hallaba vida y había árboles a lado y lado de él. ¿De qué río está hablando Ezequiel? ¿Cuál fue el río que vieron David y los hijos de Coré? No es el río con cuatro brazos del génesis, tampoco es el río de la Nueva Jerusalén del que habla el Libro de Apocalipsis, ellos están hablando de otro río que ellos vieron.

Vámonos ahora al Nuevo Testamento, ¿recuerdas al paralítico que estaba en el estanque de Betesda? Bueno, la Escritura dice que él no era el único, sino que había una gran multitud de enfermos, ciegos, cojos y paralíticos, los cuales estaban esperando que un ángel que descendía de tiempo en tiempo al estanque, viniera y moviera el agua; pues el primero que descendiera, iba a quedar completamente sano de cualquier enfermedad que tuviera. Pero volviendo a este hombre paralítico, llevaba 38 años esperando para poder entrar al estanque cuando el ángel descendiera a mover las aguas, pero de pronto llega el Señor Jesús, se acerca a él y lo sana, sin necesidad de meterlo en el estanque. ¿No es tremendo? A Jesús lo seguía una gran multitud de personas, los cuales habían sido cojos, paralíticos, ciegos, mudos, sordos, pero que ahora estaban sanos, pero mientras tanto, en este estanque estaba también una gran multitud de enfermos detrás del estanque, esperando que se moviera el agua.

Pero en el siguiente regreso de Jesús a Jerusalén, Él se pone de pie en medio de la fiesta y les ofrece un Río: "El que cree en mí, como dice la Escritura, de su interior correrán ríos de agua viva" (Juan 7:38). En otras palabras, les estaba diciendo: "Si ustedes quieren, pueden quedarse en el estanque esperando que un ángel venga y mueva las aguas, pero también, si así lo desean pueden venir al Río que les estoy entregando, en el cual hay sanidad, no sólo para el primero que venga, sino para toda alma viviente que entre en este Río.

¿Sabes a que Río se refería Jesús? Este Río es el Espíritu Santo. Ese Río que vieron los hijos de Coré, que vio David y que vio Ezequiel, es el Espíritu Santo, pues Él es el único que puede cambiar las aguas estancadas del mar Muerto, es el único que puede cambiar las aguas estancadas de tu vida, familia y ciudad, el único que puede hacer que todos los ciegos, mancos, sordos, mudos, paralíticos y toda alma viviente que entre en ese Río sea sano. ¡Hay un Río y es el Espíritu Santo!

Ahora, esto que sucedía con esa multitud de enfermos que estaban detrás del estanque y con ese hombre paralítico que llevaba 38 años esperando por un ángel, un mensajero de Dios que viniera y moviera las aguas, es lo mismo que nosotros vemos que sucede con los creyentes en las naciones. Hay muchos esperando años y años por un mover en las aguas, están allí como esta multitud de ciegos, manos, cojos, mudos, sordos y paralíticos, alrededor de un estanque esperando por un enviado de Dios, un predicador que avive las aguas, para poder entrar y ser sanos, pero luego siguen quietos, enfermos y paralíticos esperando por alguien más que venga y las mueva de nuevo.

Es por esta razón, que traen continuamente predicadores con la esperanza de que alguno de ellos traiga la unción, que sea un enviado de Dios que pueda mover esas aguas del Espíritu. Pero hoy debes saber que en tu iglesia, en tu familia y en tu vida, hay Uno que tiene el poder para mover esas aguas; no por un día o dos, sino que Él tiene la capacidad de mantener no un estanque, sino un Río de vida continuo, Su nombre: El Espíritu Santo. Por eso, es necesario que hoy tomes una decisión: O mantienes tu vida y tu familia como toda esta multitud detrás del estanque de Betesda, esperando; o decides hoy entrar en el Río y recibir vida en Él.

Quizá en este momento te estarás preguntando: ¿Cómo entro en este Río? El profeta Ezequiel lo describe con detalle. Él dice que las aguas salían del trono de Dios y que caminó con las aguas en los pies, pero no uno, dos o tres pasos, sino 1000 codos, es decir medio kilómetro, 500 metros caminando y caminando con las aguas en los pies. Ahora, si Jesús ya nos dijo que las aguas son el Espíritu Santo, entonces, volvamos a la pregunta: ¿Cómo entras al Río? Andando en el Espíritu, mira lo que dice Pablo: "Digo, pues: Andad en el Espíritu" (Gálatas 5:16), el verbo que usa el apóstol en este pasaje es "peripatéo" y significa: caminar alrededor de, es decir, caminar alrededor del Espíritu Santo. Piénsalo bien, ¿Quieres vivir en un Río o quieres esperar a que alguien venga y te mueva las aguas de tu estanque? ¿Quieres seguir enfermo por 38 años, estando dentro de la iglesia? Porque si tú realmente quieres vivir en el Río, entonces debes caminar alrededor del Espíritu.

¿Sabes qué es lo mejor de todo? Que a Dios le gusta caminar con nosotros y a lo largo de toda la Biblia puedes ver muchos hombres que caminaron con Dios, tal como es el caso de Adán, Enoc, Abraham y Noé; incluso el pueblo de Israel a pesar de su carnalidad, caminaron 40 años en el desierto con Dios. Entonces ya lo sabes, si tú quieres estar en ese Río, tienes que caminar alrededor del Espíritu, camina alrededor de todos los asuntos de Él, "peripatéo". Si supieras las cosas que Dios hará en tu vida, familia y ministerio, si hoy decides caminar con Él. ¡Te sorprenderás!

El pasaje en Ezequiel dice que el profeta siguió caminando por 500 metros más, pero esta vez con las aguas a las rodillas. Ya sabemos que las aguas son el Espíritu Santo, entonces, ¿qué significa caminar con las aguas a las rodillas? La Escritura se refiere a oración, a búsqueda continua de Dios y a comunión con el Espíritu Santo. Ya no es solamente "peripatéo", sino que ahora es "koinonía", es decir, comunión, amistad y compañerismo con el Espíritu Santo. Dicho esto, si quieres entrar en el Río de Dios, vas a tener que caminar alrededor del Espíritu y vas a tener que construir una habitación para Él, ese aposento del que hablamos en el capítulo 11 de este libro. Debes tener una comunión diaria con Él, porque si lo haces, entrarás en el Río y vivirás; ya no serás tú sentado detrás de un estanque esperando que se muevan las aguas, sino que estarás metido todos los días de tu vida en un Río de aguas vivas.

Luego, el profeta Ezequiel caminó medio kilómetro más, pero esta vez con el agua hasta los lomos, ¿sabes qué representan los lomos en el hombre? La fuerza. Debes caminar con el agua a los lomos uno, dos, tres, cuatro…quinientos metros, hasta que aprendas una lección y se haga realidad en tu vida esa palabra de Zacarías 4:6, en donde nos dice que no es con ejército, ni fuerza, sino con Su Santo Espíritu. El profeta vio que no podía seguir caminando en sus fuerzas, sino que debía soltarse en el Río, eso se llama: "Confianza".

"Bendito el varón que confía en Jehová, y cuya confianza es Jehová. Porque será como el árbol plantado junto a las aguas, que junto a la corriente echará sus raíces, y no verá cuando viene el calor, sino que su hoja estará verde; y en el año de sequía no se fatigará, ni dejará de dar fruto" (Jeremías 17:7–8).

Una persona que está en el Río, debe ser alguien lleno de confianza en Dios, uno que se suelta en Sus manos y está totalmente dispuesto a hacer lo que Él diga y a ir a donde Él diga.

Hace unos años, cuando queríamos hacer nuestra reunión para cerrar el año "Avivamiento al parque", no teníamos el dinero para alquilar el sitio, el cual es demasiado costoso, así que con nuestro equipo comenzamos a pensar y decir, lo mejor es no ir porque no contamos con los recursos necesarios; estando en eso, de repente vino el Espíritu de Dios sobre Patty y nos dijo: "Vamos a ir porque el Señor nos está enviando y Él es el que provee el dinero", y así fue, nos proveyó todo lo necesario. Eso es algo que debes saber y que nosotros aprendimos en la "Escuela del Espíritu", el Señor nunca va llegar antes de que lo necesitemos.

El apóstol Raúl Vargas de Costa Rica, en una conversación que tuvimos, le estaba comentando acerca de la construcción de nuestro templo, pues estábamos con los trámites a punto de tener nuestra licencia de construcción y no teníamos ni un peso para empezar con la edificación, y él, que tiene ya un templo construido para ocho mil personas, me dijo: "No se preocupe, me pasó lo mismo. El Señor me dijo: Cuando necesites el dinero, Yo pongo el dinero, antes no te lo voy a dar". Así que lo entendimos en nuestro espíritu, cuando sea el momento y necesitemos para la cimentación, Dios girará el cheque; cuando necesitemos hacer las columnas, Dios girará el cheque; cuando necesitemos colocar el techo, Dios girará el cheque. Así que léelo bien, en algunas ocasiones, el Señor no va a llegar antes de que lo necesitemos y esto, es lo que se llama: "Caminar con el Espíritu hasta los lomos", confianza absoluta en Él.

A menudo nosotros decimos que la vida cristiana es una

vida de decisiones, donde lo que vivimos es consecuencia de estas. Y te decimos esto, porque hoy tienes delante de ti una decisión que tomar: Te quedas en el estanque en el cual un mensajero de Dios de tiempo en tiempo viene y mueve las aguas o te sumerges en el Río que Jesús te está prometiendo.

El estanque tiene una solución, esperar que Dios envíe a alguien, por otro lado, para entrar en el Río, tienes que tomar una decisión y te preguntarás, ¿cuál? Pues bien, debes caminar alrededor del Espíritu, tener comunión con Él y una total y absoluta confianza en Dios. Si te decides por Él y te sumerges en este Río, podrás tener la certeza que todo dará un giro de 180 grados y el tiempo no pasará más de largo por tu vida sin que veas un cambio total en tu situación. Trae la presencia de Dios a tu vida, a tu familia y a tu ministerio; valórala, cuídala y ámala, porque sólo entonces, tendrás una vida llena de victorias totales y podrás caminar confiado, sabiendo que irás de triunfo en triunfo.

Para cerrar este libro, queremos contarte la historia de lo que estamos viviendo desde hace un par de años en nuestra congregación, estábamos un viernes en el servicio y había una gloria poderosa, cuando el Señor nos dijo que fuéramos por toda Colombia, a cada ciudad y pueblo de nuestra nación, porque Él quería una iglesia de Avivamiento allí. Nosotros no queríamos salir a las misiones, porque al principio lo hicimos y nos fue mal, solo hubo división y nada quedó de esas iglesias, pues lo hicimos en nuestro deseo y en nuestras fuerzas.

Pero en esta ocasión fue diferente, el Señor nos habló, fuimos a las misiones y la sorpresa maravillosa con la que nos encontramos y que debo confesar nos dejó boquiabiertos, fue que los campos están listos para la siega, la gente tiene hambre y sed de justicia, hambre y sed del Señor, ellos quieren y necesitan que vayamos por ellos.

Por eso, deja de escuchar las noticias y deja de creerle al maligno, porque con total certeza puedo decirte que la tierra está lista para un gran avivamiento; es hora de secarse el llanto, clamar y creerle a Dios, porque por encima de lo que la gente diga, Dios está por nosotros.

El Espíritu de Dios va a comenzar a obrar milagros sobrenaturales, hará cosas maravillosas contigo, así que no te menosprecies, no dejes que Satanás te aplaste con lo que tiene que decir. Los imposibles se pusieron frente a ti y han tratado de tapar tu boca, pero es tiempo de levantarte y obedecer al Señor cuando te dice: "Trae Mi presencia".

—PASTORES RICARDO Y MARÍA PATRICIA RODRÍGUEZ

PARA CONTACTAR A LOS AUTORES

Centro Mundial de Avivamiento
Carrera 68 # 13-80 Bogotá, Colombia
Tel: (571) 795-3333
www.avivamiento.com
www.pastoresrodriguez.com
correo@avivamiento.com